SCHULE UND MOTIVATION

Alain Weins

SCHULE UND MOTIVATION

EIN ESSAY

Bibliografische Information der Deutschen Nationalbibliothek
Die Deutsche Nationalbibliothek verzeichnet diese Publikation in der
Deutschen Nationalbibliografie; detaillierte bibliografische Daten
sind im Internet über http://dnb.d-nb.de abrufbar.

© 2008 Alain Weins
Coverfoto: © Jürgen Acker / PIXELIO.de
Satz, Umschlaggestaltung, Herstellung und Verlag:
Books on Demand GmbH, Norderstedt
ISBN 978-3-8370-4907-7

Inhalt

Vorwort

Ist Schule ohne den Faktor Motivation möglich? Was fehlt dem unmotivierten Schüler? Wie kann sich der Lehrer selbst motivieren? Wie entstehen motivierte Eltern, Schüler und Lehrer? Motivation ist wohl eines der Schlüsselwörter im schulischen Alltag. Ihre Präsenz bei Schülern, Lehrern und Eltern macht zum größten Teil eine gute Schule aus. Leider ist das aber im schulischen Alltag nicht immer der Fall!

In Lehrergesprächen ist oft die fehlende Motivation der Schüler das Thema Nummer eins. Dieser Motivationsmangel wird von den Lehrern unterschiedlich bewertet: als generationsspezifisch, gesellschaftsinhärent, er wird auch schon mal als persönliche Beleidigung oder aber als bedauernswerte Fatalität empfunden. Paradoxerweise ergibt sich in solchen Gesprächen immer wieder die Feststellung, dass die Lehrer niedergeschlagen und letztlich demotiviert aus Klassen mit wenig motivierten Schülern kommen. Ein Teufelskreis demnach?

In den folgenden Überlegungen wollen wir das Thema »Schule und Motivation« aus einer besonderen Blickrichtung angehen. Dabei sollen nicht in erster Linie wissenschaftliche Studien und Konzepte im Mittelpunkt stehen, welche die Schule, zwecks Optimierung, grundsätzlich neu strukturieren wollen. Neue pädagogische und methodologische Ansätze sind sicher wichtig und nützlich; in den folgenden Zeilen versuchen wir aber auf einer anderen Ebene anzusetzen, einerseits um die Frage zu beantworten, wie man jetzt, heute, innerhalb der bestehenden Strukturen ein Mindestmaß an Motivation erreichen kann; andererseits geht es darum festzustellen, wie Lehrer in ihrer Grundeinstellung, abseits aller Strukturen und neuer Ansätze, Motivation aufbauen und auf die Schüler übertragen können.

Auch wenn vorliegender Essay sich in erster Linie an die Lehrer richtet, so stehen im Zentrum der Darlegungen die Schüler, ihre Eltern und eben die Lehrer. Die drei Gruppen und ihr Bezug zur Motivation werden zuerst analysiert, dann wird versucht, Lösungsansätze zur Förderung der Motivation anzubieten. Um Missverständnisse zu vermeiden: Spektakuläre und neuartige Lösungshypothesen will und wird dieser Essay nicht liefern. Gerade deswegen wird es möglich sein, die dargestellten Vorschläge im Alltag umzusetzen. Die meisten Ansätze werden den Leserinnen und Lesern bekannt sein, allerdings kommt es darauf an, sie auch zu applizieren und in Augenblicken der großen Verzweiflung daran zu denken.

Die Schulen, die wir hier beschreiben, sind »Mainstream«-Schulen, genau wie die Schüler, Lehrer und Eltern, die wir erwähnen, den Durchschnitt der Gesellschaft repräsentieren. Es geht nicht um extreme Situationen, wo brutale Gewalt oder aber schwere psychische Probleme im Spiel sind. Es geht auch nicht um scheinbar durch und durch disziplinierte Internatsschulen, die glücklicherweise eher auf dem Papier als in der Realität existieren. Stellen sie sich also auf einige Überlegungen ein, die analysieren, Mut machen und Wege aufzeichnen sollen, ohne einen allzu unflexiblen wissenschaftlichen und allgemeingültigen Anspruch zu erheben. Es bleibt daher sehr viel Raum zum eigenen Nachdenken.

Die Motivation der Lehrer

Der Begriff »Lehrermotivation« ist ein heute viel benutztes Schlagwort geworden, das nicht nur unter Lehrern, sondern auch in der öffentlichen Diskussion in allen möglichen positiven wie negativen Zusammenhängen und Konnotationen gebraucht wird. Der Ausdruck ist daher zu einer Worthülse geworden, für manche auch zu einem Reizwort. Trotzdem ist der Begriff Motivation sehr zentral, wenn man die Schule und ihre Funktionsweise analysieren will.

An dieser Stelle gehen wir davon aus, dass Lehramtsanwärter grundsätzlich und zum größten Teil motiviert sind. Ansonsten würden sie diesen Beruf mit all seinen Schwierigkeiten, der darüber hinaus auch noch häufig in der öffentlichen Kritik steht, nicht ausüben wollen. Die Problematik der heutigen Schule in ihrer vollen Komplexität könnten junge Lehramtsanwärter ohne ein Mindestmaß an Motivation gar nicht angehen. Diese Motivation vorausgesetzt, stellt sich nun natürlich die Frage, warum wir trotzdem vielen Lehrern mit dem so genannten »Burn-out-Syndrom« begegnen. Dieses Syndrom wird zurzeit in vielen Berufssparten diskutiert. In der öffentlichen Darstellung verliert das Wort teilweise seine originäre Bedeutung und wird zum Modewort oder zum Synonym für einen kurzfristigen

Durchhänger. Wir wollen hier aber auf die ursprüngliche Bedeutung des Phänomens »Burn-out« eingehen, welches wissenschaftlich untersucht wurde und ein ganz großes Problem, nicht nur im Lehrerberuf, darstellt. »Burn-out« geht oft einher mit großer Demotivation, Abwesenheit von Freude am Beruf und mit dauerhaftem Frustgefühl. Eine Steigerungsstufe kann sogar in Angstzustände oder in Depressionen münden. Das heißt nicht, dass Lehrer, die unter einigen Symptomen des »Burn-outs« leiden, schlechte Lehrer wären oder nicht mit den Schülern arbeiten würden. Sie leisten oft das vom Rahmenlehrplan vorgeschriebene Programm, arbeiten den vorgegebenen Stoff ab und warten auf die Pensionierung oder einen ersehnten Berufswechsel. Das Problem ist nur, dass die Motivation, banal gesagt, das »innere Feuer«, fehlt, mit dem ein Lehrer manche Schüler aus einer gewissen Lethargie herausholen und begeistern könnte. Nun ist diese Begeisterung natürlich selbst bei dem motiviertesten Menschen nicht allgegenwärtig und würde wohl auch den interessiertesten Schüler manchmal überfordern. Dennoch stellt das »Burn-out Syndrom« einen zunehmenden Hemmklotz für eine Schule der Motivation dar.

Der gesellschaftliche Druck wirkt auf manche Lehrer belastend

Aus dem alltäglichen Gespräch mit Lehrern geht hervor, dass viele deswegen frustriert und demotiviert sind, weil sie glauben, dass das, was die Gesellschaft von ihnen fordere, nicht zu leisten sei. Die Erziehung der Kinder, was bisher zum größten Teil eine Privatsache des Elternhauses gewesen sei, müsse nun in verstärktem Masse, wenn nicht sogar ausschließlich von der Schule übernommen werden. Hierauf seien die Lehrer, die eine wissenschaftliche Ausbildung haben, nicht vorbereitet.

Manche Lehrer sind aber auch der Meinung, es gebe keine gesellschaftliche Anerkennung für ihren Beruf. Die Gesellschaft fordere von der Lehrerschaft das Unmögliche, lasse sie aber dann allein und gebe den Lehrern die Schuld an sämtlichen Problemen des Ausbildungssystems.

Dieses hier nur oberflächlich zusammengefasste Empfinden etlicher Lehrer beruht wohl einerseits auf schlechten persönlichen Erfahrungen, andererseits aber auch auf einer, in periodischen Abständen, immer wieder aufflammenden öffentlicher Diskussion, die in der Presse oder in Leserbriefen ausgetragen wird.

Die so genannte »öffentliche Meinung« (die sehr disparat sein kann und kaum zu erfassen ist) reagiert häufig sehr plakativ auf schlechte schulische Resultate, beispielsweise bei der PISA-Studie. Da bei negativen Ereignissen in der zu Verkürzungen und Pauschalisierung tendierenden öffentlichen Debatte die Meinung schnell auf den Punkt kommen muss, wird meistens sehr undifferenziert nach einem Schuldigen gesucht, was die recht prekäre, antagonistische schwarz-weiß Darstellung fördert und die Gesellschaft als solche zulasten einer einzelnen Gruppe aus ihrer Verantwortung entlässt. So wird in der öffentlichen Debatte häufig die Schuld bei der Lehrerschaft gesucht. Im Rahmen dieser Öffentlichkeit und der panisch-populistischen Forderung nach sofortiger Besserung reagieren manche Politiker, zum Teil aus wahltaktischen Gründen, mit schlagwortartigen Floskeln, welche die scheinbare öffentliche Meinung bedienen. Äußerungen wie die Bezeichnung der Lehrer als »faule Säcke« sind hinlänglich bekannt! Natürlich haben solche plakativen Aussagen mit profunden und differenzierten Analysen als Vorraussetzung einer Besserung nichts zu tun, denn sie bedienen nur einen oberflächlichen, zeitlich sehr limitierten Populismus. Sie tragen jedoch zu einer simplistischen Etikettierung einer Berufssparte bei, und, was wahrscheinlich dramatischer als Konsequenz ist, sie frustrieren Lehrer, die sehr oft mit der brutalen Diskrepanz zwischen ihrem eigenen Engagement und den eindimensionalen Vorwürfen nicht klarkommen. Solche Äußerungen können sehr viel Schaden an der Bildungsstruktur anrichten. Dies ist keinesfalls mit einer differenzierten Analyse des Bildungswesens zu vergleichen, wo selbstverständlich argumentativ dargestellte Kritik an allen Akteuren des Bildungswesens, also auch an den Lehrern, nötig ist.

Manche öffentliche Aussage wird als Hetze empfunden, und tatsächlich ist eine seriöse Auseinandersetzung mit dem Thema Bildung sehr schwer zu realisieren, da sich verschiedene Interessen gegenüberstehen. Einige Interessensgruppen benutzen die Bildung als Bühne für die eigene

Profilierung, anderen fehlt die pädagogische Sachkenntnis, wieder andere reagieren ausschließlich aus materiell-syndikalistischen Beweggründen. All dies vermittelt vielen Lehrern ein negatives Eigenbild und wirkt frustrierend, besonders dann, wenn der eigene Einsatz gar nicht auf das öffentlich propagierte negative Bild zutrifft.

Letztlich sollte aber auch vor einer Überbewertung dieser öffentlichen Anrempelungen gewarnt werden. Sie kommen nur sporadisch vor, betreffen kurzfristige Zeiträume und werden immer wieder von derselben reduzierten Personengruppe transportiert, sie repräsentieren keinesfalls die gesamte Gesellschaft! Bei allem Verständnis für Ärger und Frustration durch solche Äußerungen besteht aber auch das Problem, dass sich Lehrer geradezu auf solche Äußerungen, die teilweise schon Jahre zurückliegen, fixieren, sich hineinsteigern, sich das immer wieder selbst vor Augen führen und damit sich selbst die Vorlage für die eigene Demotivation geben.

Manchem Lehrer fehlt Anerkennung

Manche Lehrer haben das Gefühl, ihre Arbeit fände keine Anerkennung. Anerkennung von Schülern, Eltern, Schulbehörde oder Arbeitskollegen wird jedoch – zumindest implizit – erwartet. Ob diese Anerkennung nun aus lobenden Worten oder aus einem bestimmten Verhalten oder vielleicht auch nur aus Abwesenheit der oben dargestellten aggressiven Kritik besteht, ist nicht immer klar. Sehr oft führt aber die absolute Abwesenheit von Anerkennung zum Gefühl, das Geleistete sei minderwertig. Dies ist ein Prinzip, das nicht nur auf die Lehrerschaft zutrifft, sondern auf alle Berufstätigen, aber natürlich auch auf die Schüler, doch darauf kommen wir noch zurück. Wichtig ist festzustellen, dass fehlende Anerkennung, zum Teil gepaart mit aggressiver Kritik, nicht dazu führt, dass Motivation entsteht oder bestehen bleibt.

Der Druck der Schulbehörde

Der Druck der Schulbehörde kann vielschichtig sein. Er ist möglicherweise vor allem im Vorurteil des Lehrers präsent. Allerdings kann der Druck auch real sein, indem die Behörde bestimmte Erfolgsquoten verlangt, finanzielle Mittel für den Unterricht einschränkt oder höhere Schülerzahlen pro Klasse aus finanziellen Gründen festlegt. Zum Teil kann dieser Druck individueller Art sein, ein Lehrer kann sich aus persönlichen Gründen betroffen fühlen. Oder aber es ist der Eingriff der Schulbehörde, über den Weg einer zu rigiden Programmfestlegung, der problematisch ist. Schließlich kann die mangelnde Rückendeckung durch die Schulbehörde in Konfliktfällen mit Eltern ebenfalls als sehr negativ empfunden werden. Auch in diesem Bereich scheint es demnach in bestimmten Fällen ein gewisses Potential für Demotivation zu geben.

Der Generationsunterschied zwischen Lehrern und Schülern

Intergenerationnelle Missverständnisse bergen in der Schule ein beachtliches Konfliktpotential. Es ist daher nicht verwunderlich, dass wir dies ebenfalls als Faktor für Demotivation bei Lehrern erwähnen. Bereits bei einem Altersunterschied von 10 Jahren – wir reden von einem Kurzgenerationsunterschied – können sich solche generationsbedingte Konflikte einstellen. Bei Lehrern um die 50 und Schülern im Alter von 15 Jahren ist das Missverständnispotential natürlich enorm. Die eigene Kindheit des Lehrers zeichnet sich durch eine zum Teil völlig andere Sozialisation aus, die Freizeit- und Unterhaltungsangebote waren anders, aber auch die Schule war völlig verschieden strukturiert. Innerhalb von ein bis zwei Generationen hat sich das Interesse der Schüler an den schulischen Angeboten ebenfalls verlagert. Ist der Lehrer sich dieses Umstandes nicht bewusst, ignoriert er ihn oder macht die Sozialisation innerhalb seiner Generation zum Maßstab aller Dinge, sind Enttäuschung und Frustration auf seiner Seite vorprogrammiert und ebenso die Verständnislosigkeit auf Seiten der Schüler! Dies heißt natürlich nicht, dass generell alle Reaktionsmuster heutiger Schüler als generationsspezifisch immer zu akzeptieren wären und demnach hingenommen werden sollten; dem ist nicht so, denn die Sozialisation betrifft ja auch heute Aspekte wie soziales Umfeld, gesellschaftliche Initiationsangebote, angemessene soziale Verhaltensmuster etc.

Dieses aus generationstypischen Unterschieden resultierende Unverständnis gegenüber anderen kann aber auch zu Problemen innerhalb der Lehrerschaft führen. Unterschiedliche Reaktionsmuster junger Lehrer und älterer Kollegen können gegenseitig völlig missverstanden werden und zu Konflikten oder Vorurteilen führen, dies gilt natürlich auch im Hinblick auf die Eltern. Natürlich ist der Generationsunterschied nicht per se eine Konfliktursache;

der Generationsunterschied kann durchaus auch positive Aspekte für die Schule mit sich bringen.

Schlechte Beziehungen zu Schülern, Eltern oder Arbeitskollegen

Neben den Generationsunterschieden gibt es eine Unmenge anderer Aspekte, die verantwortlich für schlechte (zwischenmenschliche) Beziehungen zu Schülern, Eltern und Arbeitskollegen sein können.

Generell gilt es, das gegenseitige Abhängigkeitsverhältnis zu berücksichtigen:

Die Schüler stehen zwar einerseits in einem gewissen Abhängigkeitsverhältnis zum sie unterrichtenden, aber auch bewertenden Lehrer, aber andererseits bestimmen sie ebenfalls sein Klima an der Arbeitsstelle und sein Agieren im Klassensaal. Demnach ist der Lehrer auch abhängig vom Verhalten seiner Schüler.

Die Lehrer und Eltern haben zwar die Gemeinsamkeit, dass sie der Erwachsenengeneration angehören, aber zum Teil sehen sich beide Gruppen auch als Gegner an, die beispielsweise um die gute Benotung oder das Verhalten der Kinder ringen. Dominiert hierbei unilateral immer nur eine Partei, entsteht zusätzliches Konfliktpotential.

Zwischen Arbeitskollegen besteht zwar im Hinblick auf das Vorhergegangene, zumindest auf den ersten Blick, Gleichheit, aber hier kann ein Konkurrenzverhalten entstehen. Etwa zwischen etabliertem Lehrer und jungem Referendar oder zwischen verschiedenen methodischen Ansätzen. Ebenfalls kann Fehlverständnis zwischen verschiedenen pädagogischen oder fachlichen Ansätzen entstehen. Es gibt daneben eine Fülle zwischenmenschlicher, nicht schulinhärenter Konfliktursachen, aber die sind nicht schulspezifisch und werden daher an dieser Stelle nicht primär behandelt.

Weitere Konfliktursachen zwischen Schülern, Eltern und Lehrern sind die unterschiedliche soziale Herkunft der einzelnen Gruppen; Vorurteile, die beispielsweise die Eltern aus ihrer eigenen Schulzeit mitbringen; ebenfalls kann die bereits besprochene öffentliche Schuldiskussion das Verhältnis der Eltern und Schüler gegenüber der Lehrerschaft insgesamt beeinflussen. Auf der anderen Seite kann natürlich auch das Verhalten der Lehrer durch Vorurteile gesteuert sein. Berichte oder Andeutungen anderer Lehrer über das Schüler- oder Elternverhalten in vergangenen Jahren können beispielsweise als Hypothek auf dem Verhältnis zu gerade diesen Schülern und Eltern in der neuen Klasse lasten.

Alles dies sind mögliche Ursachen für zwischenmenschliche Verständigungsprobleme, die letztlich den Arbeitsalltag des Lehrers nicht vereinfachen und – falls sie in gehäufter Form auftreten – durchaus zu Frustration und Demotivation führen können.

Schulklassen mit einer Konstellation besonders intensiver Verhaltensprobleme

Selbst bei einer niedrigen Schülerzahl kann eine Dynamik innerhalb einer kleinen Gruppe entstehen, die ein unmögliches Arbeitsklima in einer Schulklasse schafft. Zum Teil werden in solchen Fällen schulexterne Verhaltensprobleme importiert und in einer Gruppe verstärkt, die dann dazu führen, dass der Unterrichtsverlauf völlig gestört wird.

Die Disziplinlosigkeit in der Schule

Das Thema Disziplin im Schulalltag ist sicherlich eines der subjektivsten und umstrittensten Themen in einem Lehrerkollegium. Was für den einen eine positive, lebendige und engagierte Klasse ist, sind für den anderen provozierende, rebellische Störenfriede. Natürlich gibt es unter den Lehrern, Eltern und Schülern einen Konsens: Kriminalität hat in der Schule nichts zu suchen, genauso wenig wie Diskrimination, Rassismus, Drogen oder Gewalt! Psychische Gewalt, Mobbing, Diebstahl sind katastrophal für eine Schulklasse!

Klassen, die einen dermaßen hohen Lautpegel generieren, dass weder Lehrer noch Schüler sich unterhalten können, sind unzumutbar. Wenn der Lehrer absolut keine Autorität hat und zur Witzfigur oder zur Nicht-Figur wird, ist die Frage nach der Demotivation dieses Lehrers schnell beantwortet. Das alleinige Aufdecken dieser Disziplinprobleme in einer Klasse oder in einer Schule reicht aber nicht aus. Die Gründe dafür müssen aufgezeigt werden, denn sie beinhalten zum Teil sehr effektive Lösungsansätze, doch dazu später mehr.

Der Gegensatz zwischen materiellen Möglichkeiten und pädagogischen Bedürfnissen

Dieser Gegensatz stellt ein Problem dar, was leider, angesichts des enormen finanziellen Aufwandes, der in einer modernen schulischen Infrastruktur steckt, heute gang und gebe ist. Fehlende Klassenräume, zu große Klassen, keine adäquate Medienausstattung, renovierungsbedürftige Räume, sterile Architektur – alles das sind nur Beispiele, wie sich das Umfeld auf pädagogischer, aber auch auf psychologischer Ebene sehr negativ auf die Motivation nicht nur der Lehrer, sondern selbstverständlich auch der Schüler, niederschlagen kann.

Rigide oder nicht existierende Lehrpläne

Der Lehrer soll ein Macher sein, der Begeisterung vermittelt, innovativ ist und phantasiereich den Lernstoff an die Schüler bringt. Er soll differenziert und flexibel reagieren und sich auch den situativen Bedürfnissen des Unterrichtes anpassen. Dies ist allerdings (fast) nicht möglich, wenn der vorgegebene programmatische Rahmen für den Lernstoff extrem überlastet und rigide ist, so dass es für individuelle Anpassungen überhaupt keinen Raum gibt. Hier wird der Lehrer dann ausschließlich zum Abspielgerät eines Programms; diese Erfahrung wird bei ihm selbst wie auch bei den Schülern natürlich ein erhebliches Frustrationserlebnis bewirken.

Umgekehrt besteht auch die Gefahr, dass bei völliger Abwesenheit eines Lehrplans der Lehrer entweder zuerst einen eigenen Lehrplan aufstellen muss, der aber nicht unbedingt mit anderen Lehrern der gleichen Klassenstufe abgestimmt ist, oder aber dass der Lehrer unstrukturiert vorgeht, keine Schwerpunkte setzen kann, in der Breite, aber nicht in der Tiefe arbeitet und weder vernetzt noch differenziert vorgeht. Auch dies kann zu Frustrationen im Klassenraum führen!

Die Abwesenheit des wissenschaftlichen und pädagogischen Dialogs unter Kollegen

Vor allem präventiv wichtig ist der Dialog unter Kollegen. Denn gerade wenn es zu ersten Ansätzen des »Burn-out-Syndroms« kommt, können Gespräche mit anderen Kollegen, dem Betroffenen zeigen, dass er nicht als Einziger solche Probleme hat. Lösungsansätze können von anderen Kollegen, die ähnliche Probleme hatten, aufgezeigt werden. Durch pädagogische und wissenschaftliche Zusammenarbeit kann der Arbeitsaufwand wesentlich rationeller gehalten werden, das Potential des Materials, aber auch der pädagogischen Ansätze ist weitaus größer als bei Einzelarbeit. Methoden und Projekte können in Zusammenarbeit mit Kollegen in realistischer Form und mit beherrschbarem Arbeitsaufwand umgesetzt werden, Fehler können durch gegenseitige kritische Gespräche ausgebügelt werden und Probleme in der Klasse sind mit einer solidarischen Lehrergruppe einfacher zu lösen. Ist allerdings eine solche wissenschaftliche und pädagogische Gesprächsbereitschaft – aus welchen Gründen auch immer – nicht vorhanden, fallen die

Lehrer zurück ins Einzelkämpfertum. Konsequenz: Wenig Außensicht auf das eigene Lehren, wenige Möglichkeiten zur Korrektur oder zur Entdeckung der Ursachen eines Problems in der Klasse, unverhältnismäßiger Arbeitsaufwand beim Einführen neuer Methoden, keine Möglichkeit Frustrationserlebnisse konstruktiv zu verarbeiten!

Idealvorstellungen vs. Realität

Eine Ursache für eher punktuell erlebte Frustration ist die manchmal etwas blauäugige Idealvorstellung über den Ablauf einer bestimmten Unterrichtsstunde. Womöglich hat der Lehrer nach eigenen Interessenslagen eine Unterrichtsstunde unter erheblichem Arbeitsaufwand und maximaler Recherche vorbereitet, vor allem, weil ihn das Thema selbst enorm interessiert. Gerade hier liegt das Frustrationspotential dann aber in der Konfrontation mit der Realität, in der die Schüler – obwohl nicht zwangsläufig uninteressiert – dem Thema nicht den erwarteten Zuspruch zukommen lassen. Dies ist ein klassisches Beispiel für die Diskrepanz zwischen eigenem Fachinteresse und der schulischen Alltagstauglichkeit eines Lernstoffes.

Die eigene Biografie

Schlussendlich kann die eigene Biografie, falls sie zu undifferenziert betrachtet wird, für manchen Lehrer problematisch werden. Lehrer, die als Schüler in allen oder zumindest in den später von ihnen unterrichteten Fächern, Klassenprimus waren, tun sich zum Teil schwer damit, wenn Schüler in der Schule Schwierigkeiten haben, den Stoff zu verstehen oder aber schlicht und einfach das Fach nicht mögen. Dies kann in verschiedenen Situationen von einigen Lehrern sogar unterbewusst als persönliche Beleidigung aufgefasst werden und dann wieder zu Frustrationen führen, sich aber auch im Verhältnis zu den Schülern niederschlagen. Weitere Elemente, welche die Prägung durch die eigene Biografie angehen, sind natürlich zum Teil auch generationsspezifischer Art. Dabei ist es von grundsätzlicher Bedeutung, dass der Lehrer auch gewisse selbstanamnetische Fähigkeiten entwickelt.

Die Motivation der Schüler

Die Motivation der Schüler ist vor allen Dingen unter der Lehrerschaft ein heiß diskutiertes Thema, denn in den Augen mancher Lehrer entstehen die meisten Probleme in der Schule durch wenig motivierte Schüler.

Auffällig ist allerdings, dass selbst solche Schüler, die als völlig unmotiviert gelten, in bestimmten Situationen im paraschulischen oder im außerschulischen Bereich plötzlich viel Einsatz zeigen. Dies wird sogar von manchen Lehrkräften kritisiert, nach dem Motto »Würde der doch seine Energie in die Schule stecken.«. Trotzdem fällt dieses Schülerverhalten auf und zeigt, dass diese scheinbar lustlosen Schüler nicht per se unmotiviert sind, sondern dass ihre Demotivation sich offensichtlich vor allem auf die Schule an sich bezieht. Dies soll selbstverständlich nicht heißen, dass alle Ursachen für Lustlosigkeit der Schüler in der Schule liegen, es gibt sicherlich bei etlichen Schülern schulexterne Gründe, welche die Schule keineswegs ausbügeln kann. Auffällig sind ebenfalls die immer wiederkehrenden Berichte, dass dieselben Schüler in unteren Klassenstufen häufig mitgearbeitet haben, dann aber einige Jahre später scheinbar gelangweilt in der Klassenbank den Unterricht über sich ergehen lassen. Es lohnt sich also, auf den schulischen Raum mit seinen möglichen Ursachen für Demotivation bei Schülern einzugehen.

Frustration durch schlechte Noten

Als Grund Nummer eins für die Demotivation bei Schülern wird meistens die Frustration durch schlechte Noten genannt. Das Prinzip ist klar: Wer regelmäßig schlechte Noten in Klassenarbeiten bekommt, fühlt sich immer stärker mit einer unüberwindlichen Mauer konfrontiert. Auch wenn die Noten auf Klassenarbeiten vergeben werden, so übernehmen die meisten Schüler unbewusst diese Bewertung als Einschätzung ihrer eigenen Person. Dies wird dann verstärkt, wenn ein Lehrer im Zusammenhang mit der Rückgabe von Klassenarbeiten abfällige Bemerkungen über den Schüler und seine Leistungen macht. Was für manchen Lehrer eine neutrale Feststellung ist, kann für einen jungen Schüler, seinem Empfinden nach, eine äußerst verletzende Aussage sein.

Neben dem Rückgang des Selbstbewusstseins (oder aber der Kompensation des angeschlagenen Selbstwertgefühls durch auffälliges Verhalten), führen die ständig schlechten Noten natürlich auch zu Angst vor den kommenden Klassenarbeiten. Diese Angst und Entmutigung wird progressiv gesteigert und führt den Schüler schließlich in einen Teufelskreis von Panik und Demotivation.

Wie schon erwähnt, ist dies nicht immer klar vom Lehrer zu erkennen, der Schüler versucht es zu überspielen, will keine Schwäche zeigen und reagiert möglicherweise mit gespielter Gleichgültigkeit. Dabei stößt er oft auf Unverständnis beim Lehrer, der meint, der Schüler brauche ja nur zu lernen, um bessere Noten zu bekommen und wieder motiviert zu sein. Allerdings ist die Situation meistens viel komplexer, wenn auch natürlich individuell oft verschieden. Gerade dann, wenn ein Schüler nach außen hin seine Angst nicht zeigt und er stattdessen die Frustration durch Gleichgültigkeit vermittelt, entstehen zusätzliche, die Situation verschärfende Konflikte mit Lehrern oder sogar Mitschülern. Dass die Ursachen im Nicht-Verständnis des Lernstoffes oder in einer fehlenden Arbeitsmethodik liegen können, bleibt dann völlig im Dunkeln. Diese Frustration aber dauert an und verstärkt sich über die Jahre, ja sie bekommt manchmal sogar eine Eigendynamik, wodurch die eigentliche Ursache und die spätere Wirkung nicht mehr in einem kausalen Zusammenhang zu erkennen sind.

Frustration durch Minderwertigkeitsgefühle

Minderwertigkeitsgefühle als Ursache für Schülerfrustration wurden im Zusammenhang mit schlechten Noten eben bereits beschrieben. Minderwertigkeitsgefühle können im schulischen Raum aber noch eine Fülle anderer Ursachen haben. Da ist der Lehrer, der bei falschen Antworten gereizt reagiert und, nach Auffassung des Schülers, ihn verdummt oder vor der Klasse bloßstellt. Schüler können das Gefühl haben, ein Lehrer habe es auf sie abgesehen, er hake immer wieder bei ihnen nach, weil er sie nicht leiden könne etc. Wenn auch leider einige Lehrer – bewusst oder unbewusst – verletzend sind, so ist die Einschätzung des Schülers häufig sehr subjektiv und hat zum Teil nichts mit der Intention des Lehrers zu tun. In einigen Fällen können Schüler eigene Unsicherheiten auf den Lehrer projizieren, um dann im Agieren des Lehrers das eigene, selbst konstruierte Ich-Bild wieder zu erkennen und sich dieses Klischee subjektiv bestätigen zu lassen. Ist ein solches Vorurteil gegenüber dem Lehrer einmal aufgebaut, wird sein ganzes Verhalten gegenüber dem Schüler von diesem immer so ausgelegt, dass es negativ kategorisiert wird. Ebenfalls kann der Ruf eines Lehrers, der durch andere Schüler indirekt kolportiert wurde, das Verhalten eines Schülers durch Antizipation nachhaltig subjektiv beeinträchtigen.

Ähnlich kann das Minderwertigkeitsgefühl durch andere Schüler ausgelöst werden. Auch hierbei muss man – wie beim Verhältnis zu den Lehrern – von realen Attacken der anderen ausgehen, ebenso aber auch von subjektiv empfundenen Angriffen, die möglicherweise nicht intendiert oder für einen dritten Beobachter überhaupt nicht präsent sind. Jedoch kann eine Verletzung durch andere Schüler selbstverständlich durchaus real sein. Falls ein Lehrer bei einer falschen Antwort einen Schüler bloßstellt, sich möglicherweise sogar über ihn lustig macht, wird er immer Nachahmer und Trittbrettfahrer unter den Schülern finden, die seine Bemerkung gegenüber einem Schüler verstärken und perpetuieren, indem sie sogar über die spezifische Situation hinaus ihren Mitschüler mit dessen vermeintlichem Unwissen konfrontieren. Diese Schüler, die als Verstärker des Lehrers fungieren, sind aber oft die, welche eigene Schwächen haben und über diesen Weg eigene Defizite überspielen, um nicht selbst zur Zielscheibe zu werden.
Natürlich kann Frustration auch autonom innerhalb einer Schülergruppe entstehen, durch Neid, soziale Missverständnisse oder auch durch die unterschiedlichen Auffassungsgaben, Fähigkeiten und Interessen der Schüler.

Diese moralische Verletzung von Schülern untereinander ist immer ein vom Lehrer zu korrigierendes unsoziales Verhalten.

Arbeit nur für Noten ...

Weniger ein Grund, als vielmehr ein Symptom der Demotivation etlicher Schüler ist die Tatsache, dass bei schulischen Arbeiten und Projekten häufig die Frage nach der Belohnung durch Noten den Arbeitseifer bestimmt. Anders formuliert: Viele Schüler haben das klassische Benotungssystem dermaßen internalisiert, dass sie ihr Engagement völlig davon abhängig machen. Die dramatische Konsequenz ist aber, dass die Motivationsmotoren Herausforderung, Spaß, Lust, Neugierde progressiv auf der Strecke bleiben und als Aspekte des schulischen Alltags verschwinden. Diese Entwicklung hat sicherlich mit einer sehr rigiden Bewertungsskala innerhalb des Schulsystems zu tun, ist aber auch durch die Werteinschätzung innerhalb der Schule bedingt. Dieses Verhalten kann durch Lehrer verstärkt werden, die sämtliche Schüler und ihr Handeln in der Schule an Noten festmachen, gegebenenfalls sogar über Noten Autorität erreichen wollen. Andererseits gibt es sicherlich auch externe Phänomene, die hier einen Einfluss haben: Eine minimalistische Leistungsauffassung, die unter anderem aus einem von den Medien dargestellten Jugendklischee besteht, mag hieran nicht völlig unschuldig sein.

Verstehens- und Verständigungsprobleme

In vielen Konfliktsituationen zwischen Lehrer und Schüler wird klar, dass der Schüler das Gefühl hat, der Lehrer verstehe ihn nicht. Wie bereits im Kapitel über die Motivation der Lehrer angedeutet, spielt in diesem Missverstehen der Generationsunterschied oft eine zentrale Rolle. Lehrer sind anders sozialisiert worden und haben die Zeit des Jugendalters in einer anderen Gesellschaft erlebt. Dadurch haben sie einen anderen Habitus, andere Rollen- und Reaktionsmuster entwickelt. Und gerade hierin liegt ein Konfliktpotenzial, wenn weder Lehrer noch Schüler die nötige empathische Flexibilität mitbringen, um den anderen zu verstehen oder dessen Reaktion, beziehungsweise dessen Handlung nachvollziehen zu können. Selbstverständlich provozieren zum Teil auch soziale, religiöse oder kulturelle Unterschiede zwischen Schüler und Lehrer solche Situationen, entscheidend ist aber, dass beide Seiten (oder eine Seite) es versäumen oder unfähig dazu sind, den anderen als Individuum mit eigenem Hintergrund zu erkennen. Selbstverständlich gibt es auch das Nicht-Verstehen auf der rein verbalen Ebene, wenn Schüler aus unterschiedlichen Gründen den Lehrer sprachlich nicht oder nur unzureichend verstehen. Aus diesen Überlegungen gehen demnach drei große Problembereiche hervor, die dazu führen können, dass Schüler den Lehrer nicht verstehen oder das Gefühl haben ihn nicht zu verstehen.

a) Sprachimmanente Probleme

Hierbei geht es um das Nicht-Verstehen auf rein sprachlicher Ebene. Der Schüler versteht den Diskurs des Lehrers nicht gut bis schlecht, weil die gemeinsame sprachliche Basis nur wenige Überschneidungen hat. Dies trifft natürlich auf fremdsprachige Schüler zu, doch deren Probleme sind meistens offensichtlich und müssen daher durch pädagogische und didaktische Begleitmaßnahmen entschärft werden. Viel problematischer zu erkennen, ist die sprachliche Differenz innerhalb desselben muttersprachlichen Raumes. Gemeint sind erhebliche Unterschiede in der Gruppensprache und im Soziolekt. Schüler können, milieubedingt, einen völlig anderen Soziolekt benutzen als ihre Lehrer, meistens kommt eine sehr ausgeprägte Jugend-Gruppensprache hinzu. Wenn auf der anderen Seite der Lehrer sich einen eher hochsprachlich-wissenschaftlichen Diskurs angeeignet hat, der überproportional mit Fachwörtern durchsetzt ist, kann dies zu massiven Verständigungsproblemen führen, die nicht gleich erkannt werden und so zu Frustrationen und Konflikten führen. Wohl gemerkt: Die Sprache der Schule soll die Hochsprache sein und in allen Fächern sind einzelne Fachwörter unumgänglich, jedoch sollen Pädagogen auch darauf bedacht sein, eine den Schülern angepasste Hochsprache zu benutzen, die diese verstehen. Hält sich der Lehrer nicht daran und orientiert sich an einer wissenschaftlichen Schriftsprache, leistet er seinen Beitrag zum Verständigungsproblem!

Ein sehr zentraler Faktor des Falschverstehens ist die zunehmende, von den elektronischen Medien verstärkte Gruppensprache. Diese, unter Jugendlichen immer mehr benutzte Sprache, entgleitet den Erwachsenen häufig und nimmt in Einzelfällen sogar die Form einer Geheimsprache an. Jugendliche, die zum überwiegenden Teil in dieser Sprache leben und ihre Gedanken darin transportieren, bekommen dann zum Teil Verstehensprobleme gegenüber der Hochsprache.

b) Kognitive Probleme

Hiervon sind Schüler betroffen, die zwar dieselbe Muttersprache wie die Lehrer sprechen und auch keine Probleme durch eine extreme Form der Gruppensprache haben, sondern sich nicht auf das Gesagte und Gehörte konzentrieren können. Aufgrund unterschiedlicher Ursachen gelingt es ihnen nicht, dem Lehrer in seinen Ausführungen zu folgen und selbst über kurze Zeit das Gesagte und Gehörte in einen Zusammenhang zu bringen, zu behalten, geschweige denn zu verstehen und zu internalisieren. Einfache Sätze werden dadurch oft gar nicht oder aber miss- verstanden. Hierfür gibt es einige Erklärungen. Einerseits kann es pathologische Gründe geben, beispielsweise bei Kindern, die aus physischen oder psychischen Ursachen heraus kognitive Probleme haben. Andererseits handelt es sich möglicherweise um Konzentrationsprobleme, bedingt durch massive Ablenkungen in der Klasse oder durch physische und/oder psychische Müdigkeit. Besteht ein schlechtes Klassenraumumfeld mit viel Lärm innerhalb und außerhalb des Raumes, Disziplinproblemen oder andauernden Unterbrechungen des Unterrichtes, kann das bei einigen Schülern schon zu besagten Problemen führen. Übermüdung durch zu wenig Schlaf oder exzessives Computerspielen können sehr häufige Ursachen solcher nicht-pathologischen kognitiven Probleme sein. Auch wenn diese Gründe beim Schüler oder in seinem Umfeld liegen, sind sie ihm nicht immer so bewusst, wie die Lehrer das annehmen. Da diese externen Einflüsse aber zu Verstehensproblemen führen, sind sie eine Ursache für Frustration und demnach Demotivation. Wenn jemand nicht versteht, ist er frustriert und konsequenterweise gelangweilt!

Trotzdem darf ein weiterer möglicher Auslöser für kognitive Verstehensprobleme nicht außer Acht gelassen werden: der Lehrer! Ein Lehrer, der keinen dynamischen Redefluss hat, zu leise, monoton und rhetorisch problematisch spricht und der möglicherweise auch inhaltlich nicht kohärent und nicht strukturiert ist, kann selbst zur Ursache eines kognitiven Problems für manche Schüler werden.

c) Soziokulturelle Probleme

Kommen Schüler und Lehrer aus unterschiedlichen Kulturen, gehören verschiedenen Religionen an oder stammen aus grundverschiedenen sozialen Milieus, so liegt es auf der Hand, dass Missverständnisse entstehen können. Lehrer machen möglicherweise Aussagen oder geben Kommentare mit positiver Intention ab, die aufgrund des soziokulturellen Unterschieds völlig antagonistisch, möglicherweise negativ verstanden werden. An dieser Stelle sei klar gesagt, dass in der Schule natürlich die im Grundgesetz festgelegten demokratisch-freiheitlichen Prinzipien zählen und vermittelt werden müssen. Dies sollte auch nicht aufgeweicht werden, wenn der Lehrer mit Schülern aus anderen Kulturkreisen zu tun hat, wo möglicherweise andere Werte gelten. Das Wissen des Lehrers um soziale und religiöskulturelle Unterschiede aber ist ungemein wichtig, damit er sich positiv mit den Schülern auseinandersetzen kann und ganz gezielt durch seinen Diskurs Verständnis- und Verständigungsprobleme thematisieren und damit auch vermeiden und lösen kann.

d) Emotional-subjektive Probleme

Angst vor einem Fach, beispielsweise aufgrund jahrelanger schlechter Noten, Unsicherheiten gegenüber dem Lehrer, Vorurteile gegenüber einem Lehrer, Angst vor Mitschülern – all dies, und wohl noch vieles andere, kann zu fast schon pathogenen Hemmungen führen, und den Kommunikationsprozess sowie das Verstehen erheblich beeinträchtigen. Oft liegen sogar nicht-subjektive, reale Ursachen zugrunde, denen nachgegangen werden muss, zumindest sollten Überlegungen über Ursachen in Betracht gezogen werden. Auf der anderen Seite sind es aber leider häufig subjektive Vorurteile, welche diese emotionalen Gründe für Verstehensprobleme auslösen.

Antipathie

Die Einstufung eines Lehrers (seitens der Schüler) als unsympathisch ist natürlich in erster Linie, wie überall in der Gesellschaft, sehr subjektiv. In der Psychologie gibt es etliche Ansätze, die das Zustandekommen von Sympathie und Antipathie beim bloßen Anblick eines Menschen erläutern wollen. Nicht alle Menschen werden sich gegenseitig gleich sympathisch finden, und damit müssen sich Schüler wie Lehrer abfinden, besonders dann, wenn ihnen keine greifbaren Ursachen für die subjektiv gefühlte Antipathie einfallen. Allerdings gibt es auch Antipathien gegenüber einem Lehrer, die nichts anderes als die Projektion des Schulfaches auf die Figur des Lehrers sind. Im Klartext: Ein Schüler mag das Fach seit Jahren nicht und identifiziert den Fachlehrer damit. Antipathien können natürlich auch aus

Vorurteilen entstehen, aus Geschichten, die andere Schüler über einen Lehrer erzählen oder die auf klischeehaftem Schubladendenken beruhen. Darüber hinaus gibt es natürlich auch konkret fassbare Anhaltspunkte für Antipathie gegenüber einem Lehrer. Unglückliche – gewollte oder ungewollte – Bemerkungen, unterschiedliche Interessen, ein scheinbar an den Schülern uninteressierter Lehrer, genauso wie ein extrem psychologisierender Lehrer, der gegen den Willen der Schüler Berater und Freund der Schüler sein will – all das und vieles mehr kann das Sympathieverhältnis trüben. Diese Faktoren sind sehr oft, für sich genommen und ohne die Kombination mit anderen Elementen, nicht das zentrale Element für Schülerfrustration in der Schule, stellen aber wichtige Aspekte für die Analyse der schulischen Atmosphäre dar.

Die Fähigkeiten des Lehrers

An dieser Stelle verweisen wir noch einmal auf die bereits oben erwähnten Verstehensprobleme und ihre Ursachen. Wenn ein Schüler meint, der Lehrer erkläre schlecht, kann das natürlich auch damit zusammenhängen, dass die Unterrichtsstunde des Lehrers zu wenig strukturiert ist, dass er sich zu wenig Zeit nimmt, zu schnell arbeitet, sich vielleicht nur an den besten Schülern orientiert. Andererseits kann es aber auch vorkommen, dass der Lehrer zu simplistisch in seinen Ausführungen ist und dies dann ebenfalls ein Problem darstellt. Möglicherweise besteht aber auch auf Schülerseite ein lückenhaftes Grundwissen, das vom Lehrer aber als vorhanden vorausgesetzt wird. Das führt dann dazu, dass die Schüler nicht folgen können. Gerade deswegen sollte der Lehrer auf jeden Fall das Grund- und Vorwissen abklären und nicht automatisch davon ausgehen, dass in einer bestimmten Klassenstufe homogen gewisse Vorraussetzungen herrschen. Besonders in höheren Klassenstufen haben Schüler, die seit Jahren Schwächen in einem bestimmten Fach perpetuieren, das Gefühl, der Lehrer erkläre schlecht: dies liegt jedoch nicht »per se« am Lehrer dieser Jahrgangsstufe, sondern oft an mangelnder Fachkompetenz des Schülers, die in den Schuljahren vorher möglicherweise hätte ausgebügelt werden können.

Langeweile im Unterricht

Was ist Langeweile? Ein an Literatur interessierter Schüler wird die Lektüre eines guten Romans als spannend empfinden. Ein Mathematikbegeisterter hingegen wird die Lektüre desselben Romans im Rahmen der Schullektüre möglicherweise als pure Langeweile erfahren. Das Thema Langeweile ist demnach als sehr subjektiv einzuschätzen!

Darüber hinaus ist natürlich auch klar, dass die Angebote der Unterhaltung außerhalb der Schulen im vergangenen Jahrzehnt um ein Vielfaches zugenommen haben. Weniger der Inhalt, als vielmehr das Format, die Art der Unterhaltung und die Techniken sind dabei ausschlaggebend. Die Schule hat es schwer mit von den Schülern internalisierten Unterhaltungsschemata Schritt zu halten. Computer, Internet und Fernsehen bringen eine Schnelligkeit von Einstellungen und eine Breite von Unterhaltungsmöglichkeiten, die zum Alltag der Schüler geworden sind. Die Schule gehört jedoch auch zum Alltag und konkurriert in der Wahrnehmung vieler Jugendlicher mit den außerschulischen

Kommunikationstechniken. Hierbei zieht scheinbar der traditionelle Unterricht den Kürzeren. Allerdings nur bei einer ersten Betrachtung, denn es ist durchaus möglich, anhand einiger Anpassungen und Überlegungen, Langeweile zu durchbrechen, ohne die Schule zum Computerspiel werden zu lassen. Die medienbedingten gesellschaftlichen und kognitiven Veränderungen zu ignorieren, wäre für den Lehrer allerdings fatal. Wer will schon seinen Unterricht von Anfang an durch Langeweile kennzeichnen?

Schließlich gibt es ebenfalls den Lehrer, der durch emotionsloses Herunterrasseln des Lernstoffes, ohne Elemente der Originalität und ohne schöpferische Eigenleistung, einen fast schon objektiv greifbaren Beitrag zur Langeweile leistet. Obwohl Rahmenlehrpläne und Programme natürlich Richtlinien darstellen, ist die unflexible Nur-Wiedergabe oft ein Grund für saft- und kraftlosen Unterricht.

Überforderung der Schüler

Schüler können den Unterricht subjektiv als zu schwierig empfinden, Ursachen dafür haben wir in den vorhergehenden Abschnitten schon zur Genüge besprochen. Allerdings sollte sich der Lehrer, der einen hohen Schwierigkeitsgrad als Mittel der Motivation in den Unterricht einbringt, auch im Klaren sein, dass Schwierigkeiten oder hohes Niveau immer nur dann einen Motivationsschub auslösen, wenn das Ziel und die Niveauvorgabe von den Schülern mit etwas Einsatz auch erreicht werden können. Ansonsten heißt das Resultat ausschließlich Frustration.

Unterforderung der Schüler

Gestaltet der Lehrer dagegen den Unterricht gezielt einfach, ohne realistische Herausforderungen, welche die Schüler anspornen, so wird der Unterricht nicht nur langweilig, sondern die Schüler fühlen sich teilweise auch unterfordert. Dies äußert sich darin, dass sie abschalten, dass Unruhe aufkommt, möglicherweise mit dem Resultat, dass der Stoff dann überhaupt nicht mehr aufgenommen wird, was den Lehrer dazu bringt, besagten Stoff noch weiter zu vereinfachen. Ein Teufelskreis der gegenseitigen Demotivation entsteht!

Lehrerbedingtes Chaos

Für Schüler ist ein etwas chaotischer Lehrer zu Beginn zwar eine »lustige« Abwechslung, mit der Zeit entwickelt er sich aber zu einer erheblichen Motivationsbremse. Mit »chaotisch« ist natürlich nicht der Lehrer gemeint, der bei gesteigertem Interesse der Schüler auch mal ein Thema vertieft, vom Unterrichtsplan abweicht oder regelmäßig einige persönliche Aspekte konstruktiv in den Unterricht einfließen lässt.

Gemeint ist vielmehr der völlig unorganisierte und unstrukturierte Unterrichtsablauf, ohne inhaltlichen Zusammenhang. Gemeint ist der Lehrer, der in der folgenden Unterrichtsstunde nicht mehr an die nur halb abgeschlossene vorhergehende Stunde anknüpft, der Schülerhausarbeiten verliert, innerhalb der Unterrichtsstunden abbricht und das jeweilige Thema dann niemals abschließt. Dies verbreitet nicht nur Langweile und Demotivation unter den

Schülern, sondern bringt auch ernsthafte Verstehensprobleme gegenüber dem Lernstoff mit sich.

Hausaufgaben

Hausaufgaben sind ein umstrittenes Thema. Manche Lehrer und Eltern bedauern, dass es immer weniger Hausaufgaben gibt, andere finden, es sollte überhaupt keine geben. Hausaufgaben, geschickt, intelligent und realistisch dosiert eingesetzt, können sicher dazu beitragen, dass der im Unterricht rezipierte Lernstoff noch einmal überarbeitet wird. Allerdings müssen Hausaufgaben für den Schüler zu Hause allein und in realistischem Zeitraum lösbar sein. Das heißt auch, dass der Schwierigkeitsgrad nicht dermaßen über den Unterrichtsübungen liegen darf, dass Schüler nur mithilfe der Eltern oder eines Nachhilfelehrers die Hausarbeiten machen können. Das würde Kinder, aufgrund ihrer sozialen Herkunft, die diese Hilfsmöglichkeiten nicht haben, erheblich benachteiligen und ihnen schaden. Was nun aber für den einzelnen Lehrer eine hilfreiche Hausaufgabe sein kann (wir gehen einmal von einem realistischen Schwierigkeitsgrad aus), kann für den Schüler dann zu einem Problem werden, wenn es keine Absprachen zwischen den Lehrern gibt. Wenn die Lehrer also, unabhängig von den anderen Fächern, Hausaufgaben verordnen und sich nicht dafür interessieren, welche Hausaufgaben von anderen Kollegen schon aufgegeben wurden, kann dies zur völligen Überfrachtung der Kinder mit Hausaufgaben führen, die dann selbst ein guter Schüler in seiner Freizeit nicht mehr ordentlich bearbeiten kann.

Der Zustand der schulischen Infrastruktur

Kinder und junge Menschen verbringen einen Großteil ihres Lebens in einem Schulgebäude, teilweise sind sie sogar länger dort als zu Hause (wenn wir die Schlafenszeit einmal abrechnen). Daher spielt die schulische Infrastruktur eine erhebliche Rolle. Die Ästhetik, die Funktionalität, der Wohlfühlfaktor einer Schule sind zentrale Elemente dafür, dass sich ein Kind oder ein Jugendlicher motiviert fühlt, in eine Schule zu gehen. Dies gilt im Übrigen auch für die Lehrer! Schulen mit tristem Aussehen, unzureichenden und grauen Klassensälen, Schulen mit schlechtem oder zu kleinem Schulrestaurant, ohne ordentliche Sporträumlichkeiten und Spezialsälen, Schulen, die alt und schmutzig sind, färben auch auf das Benehmen ihrer »Bewohner« ab. Ekel, Demotivation, sogar ein Hang zu Aggression können hierdurch ausgelöst oder verstärkt werden. Ein Kind, das beispielsweise aus der Grundschule in eine Sekundarschule kommt, die aus einem abgetakelten Plattenbauwerk besteht mit Klassenzimmern, die seit 20 Jahren ungestrichen und mit kaputten Schulbänken bestückt sind, mit Toiletten ohne Klobrille, einem asphaltierten Schulhof, der gleichzeitig Sportplatz ist – dieses Kind fühlt sich nicht nur frustriert, sondern auch von der Erwachsenenwelt gering geschätzt.

Gewalt in der Schule

Eine sehr greifbare Ursache für die Demotivation etlicher Schüler ist selbstverständlich die Erfahrung von Gewalt in der Schule. Dies kann physische Gewalt in Form von Schlägereien sein, aber auch psychische Gewalt, beispielsweise durch Mobbing. Lebt ein Schüler in einem Klima der Angst vor Mitschülern, kann dieses Gefühl sogar in existentielle Angst übergehen. Dann ist für diesen Schüler die Schule ein Ort des Grauens, den er so schnell wie möglich wieder verlassen will oder bei dem er alle nur erdenklichen Anstrengungen macht, um überhaupt nicht hin zu müssen. Es ist von absolut fundamentaler Bedeutung sicherzustellen, dass Gewalt nichts in der Schule verloren hat. Deswegen darf es vonseiten der Schulleitung und des Lehrerkollegiums nicht die geringste Toleranz gegenüber Gewalt in der Schule geben. Gewalt muss sofort sanktioniert und unterbunden werden. Die Schule hat dazu Möglichkeiten, die jedoch genutzt werden müssen. Allerdings setzt dies voraus, dass weder Schulleitung noch Lehrer (aber auch die Schüler selbst nicht) die Augen vor der Gewalt verschließen oder sie verharmlosen. Prügeleien auf dem Schulhof und brutale Anrempelungen (wir reden nicht vom Spieltrieb jüngerer Schüler) dürfen nicht akzeptiert werden, denn, so banal sie vielleicht für einen Erwachsenen, der sie einmal zufällig im Vorbeigehen sieht, erscheinen, so traumatisch können sie für ein Kind sein, das sie tagtäglich durch seine vermeintlichen Schulkameraden erlebt.

Was psychische Gewalt anbelangt, so ist sie subtiler und der Lehrer braucht ein gutes Gespür um sie zu bemerken, falls der betroffene Schüler nicht von selbst auf ihn zukommt. Auch diese Gewalt ist verabscheuenswert und muss vom Lehrer (und von den Schülern) unterbunden werden. Auf keinen Fall darf der Lehrer bei der psychischen Gewalt mitmachen, was leider immer noch passiert. Häufig ist der Lehrer sich nicht einmal bewusst, was er tut, wenn er beispielsweise eine abwertende Bemerkung eines Schülers gegen einen anderen unterstützt. Was für den Lehrer harmlos erscheint, da er den Zusammenhang in der Klasse nicht erkennt, kann ein weiterer Baustein einer Mobbing-offensive gegen einen Schüler sein. Brutaler für den Schüler wird das noch, wenn er den Eindruck bekommt, dass die einzige Hilfe, die er haben könnte – der Lehrer – sich ebenfalls gegen ihn stellt. Bei den eben besprochenen Formen von Gewalt handelt es sich nicht nur um Gründe für Demotivation, sondern hier können gefährliche depressive Zustände mit bisweilen suizidären Tendenzen entstehen.

Die Disziplinlosigkeit in einer Schule

Anders als bei der eben besprochenen Gewalt macht die Disziplinlosigkeit den Schülern und den Lehrern allgemein zu schaffen und ist eher ein Hemmschuh für das Lernen. Lärm im Klassensaal, zu spät erscheinende Schüler (aber auch Lehrer) sind Elemente, die eine Eigendynamik entwickeln und langsam aber sicher dazu führen, dass der Unterricht gestört wird und dass mehr Zeit mit der Herstellung eines vernünftigen Unterrichtsklimas (Ermahnungen etc.) verbracht wird, als mit dem Unterricht selbst. Arbeitsverweigerung, Respektlosigkeit gegenüber Lehrern und Mitschülern führen darüber hinaus dazu, dass ein negatives zwischenmenschliches Klima entsteht, in dem Strafen zur Grundregel des sozialen Umgangs zwischen Lehrer und Schüler werden. Letztlich sind es die Schüler selbst, die in ihrer großen Mehrheit ein solches Umfeld als wenig motivierend ablehnen.

Externe Ursachen für Demotivation

Außerschulische Ursachen haben natürlich des Öfteren einen erheblichen Einfluss auf die schulische Motivation einiger Schüler. Kinder, die zu Hause Streit, Alkoholprobleme, Krankheit und extreme finanzielle Sorgen miterleben, werden in der Schule nicht von diesen Problemen abschalten können. Sie werden sich nicht mit derselben Energie der Schule widmen können wie Kinder, die mehr oder weniger sorgenfrei zu Hause leben. Allerdings kann die Schule diesen Kindern doch etwas sehr Wichtiges bringen: Neben einer möglichen Ablenkung von den Problemen, ist für sie die Schule sehr häufig der einzige Ort, wo sie glauben, Hilfe erwarten zu können. Deshalb versuchen viele dieser Kinder sich ganz gezielt in der Schule Hilfe zu holen, durch Lehrer, Sozialpädagogen oder Schulpsychologen.

Verweigern die Lehrer beispielsweise diesen Schülern ein Gespräch, ignorieren sie dieselben oder geben ihnen sogar zu verstehen, dass dafür in der Schule kein Platz sei, ist das ein sehr schlimmes, fast schon traumatisches Erlebnis für das betroffene Kind. In einer dramatischen Lebenssituation verweigert der einzige Ort, wo Hilfe (aus Sicht der Kinder) möglich wäre, jegliche Unterstützung! Es ist klar, dass ein Lehrer nicht die Arbeit eines Psychologen oder Psychiaters leisten kann, er kann einen Schüler nicht therapieren, er sollte das auch auf keinen Fall versuchen, aber das heißt nicht, dass er nicht zuerst einmal zuhören muss, einfühlsam sein kann, um dann den Schüler an Fachkräfte weiterzuleiten, um ihn gegebenenfalls mit diesen zusammen zu begleiten.

Andere Kinder mit außerschulischen Problemen werden sich nicht direkt an die Schule wenden, sei es aus Verunsicherung, Angst, Scham oder aus Mangel an Vertrauen. Aber auch diese Kinder senden Signale aus, die letztlich immer nach Aufmerksamkeit verlangen: es handelt sich dabei um verklausulierte Hilferufe! Sie können in Form eines abweichenden Verhaltens, möglicherweise sogar eines undisziplinierten Benehmens auftreten, müssen aber als Hilfegesuch verstanden und behandelt werden. Daher ist es sehr wichtig, dass die Schule bei Verhaltensabweichungen die Möglichkeit eines verdeckten Hilferufs zumindest in Erwägung zieht, bevor eingleisige disziplinarische Maßnahmen eingeleitet werden.

Natürlich können diese externen Ursachen für schulische Motivationshemmung auch im Freundeskreis des Kindes liegen. Sentimentale Störungen, aber auch ein Drogenhintergrund können zugrunde liegen. Häufig ist auch eine Krankheit die Ursache, warum Schüler – oft urplötzlich – demotiviert erscheinen. Auch hier ist es wichtig sensibel vorzugehen und diese Möglichkeiten zumindest in Betracht zu ziehen, denn gerade bei physischen oder psychischen Problemen von Kindern können falsche und unausgewogene Aussagen eines Lehrers sehr viel Schaden anrichten, die Kommunikation abbrechen lassen und ein Vertrauensverhältnis nachhaltig stören.

Die eigene Biografie

Der eigene Erlebnishorizont der Schüler, die Anhäufung der bereits erlebten Schuljahre, Schulklassen, Mitschüler, Lehrer und Elternreaktionen stehen selbstverständlich auch immer wieder in ursächlichem Zusammenhang mit Demotivation. Dauerhaft frustrierende Erfahrungen in der Vergangenheit, Vertrauensverlust gegenüber Lehrern oder Erwachsenen im Allgemeinen, eine Mobbingerfahrung, aber auch frühere private Erlebnisse und Krisen prägen die Haltung eines Schülers in der Gegenwart gegenüber der Schule.

Konflikte zwischen Eltern und Lehrern

Auf die Eltern werden wir noch zu sprechen kommen, wir haben aber bereits das Verhältnis Eltern-Lehrer kurz gestreift und gesehen, dass es natürlich einige Gründe für Konflikte zwischen Eltern und Lehrern geben kann. Zuerst sollte an dieser Stelle festgestellt werden, dass, ganz gleich um welche Art von Konflikten es geht, der Schüler immer in einer sehr schwierigen Situation ist. Möglicherweise fühlt er sich dem Lehrer, der Streit mit den Eltern hat, ausgeliefert oder aber er lehnt das Verhalten der Eltern gegenüber dem Lehrer ab und kommt dann in eine schwierige Situation gegenüber den Eltern. Konflikte in der Erwachsenenwelt, also zwischen Lehrer und Eltern (gemeint sind keine kleinen Meinungsverschiedenheiten) werden sich immer auf den schulischen Alltag auswirken, denn selbst wenn der Lehrer das Problem mit den Eltern souverän vom Umgang mit dem Kind trennen kann, so wird im Hinterkopf des Schülers, angesichts des Wissens um den Konflikt, eine gewisse Verkrampfung bleiben, die der schulischen Motivation nicht förderlich ist.

Die individuelle Einstellung zum Fach

Warum mag ein Schüler ein Fach nicht? Dafür gibt es viele Gründe. Lehrer und Eltern sollten aber nie vergessen, dass jeder Mensch persönliche Präferenzen und Abneigungen hat, die nicht immer rational zu erklären sind und wie sein Fingerabdruck zum Individuum gehören. Daher sollte nicht irgendeine Interpretation versucht werden. Auch der Lehrer sollte sich nicht persönlich angegriffen fühlen, wenn ein Schüler sein Fach nicht wirklich mag. Aber auch die Eltern sollten ihre eigenen Fächervorlieben nicht auf ihr Kind projizieren.

Demgegenüber gibt es natürlich auch genug Gründe, die erklären können, warum Fächer abgelehnt und andere sehr geliebt werden. Das kann viel mit dem Lehrer zu tun haben, nicht unbedingt mit dem aktuellen, aber vielleicht mit einem früheren, der dem Schüler sympathisch war oder eben auch nicht. Oft hängt es davon ab, ob ein neues Fach von einem dynamischen, mitreißenden Lehrer eingeführt wurde oder von einem leidenschafts- und verständnislosen Lehrer.

Natürlich werden Fächer auch nicht gemocht, weil sie Schüler überfordern. Ein Kind, das muttersprachlich einen völlig anderen Hintergrund hat, hat möglicherweise Schwierigkeiten mit dem Deutschen, beziehungsweise mit dem Englischen und Französischen. Schlechte Noten bringen dann Frust, und Frust bringt sicher keine Liebe zum Fach. Allerdings kann die Abneigung zu einem Fach auch durchbrochen oder zumindest verbessert werden. Wichtig ist aber immer, dass der Lehrer sich nicht persönlich angegriffen fühlt und ein Amalgam zwischen Fach und eigener

Person macht. Denn auch wenn es angebracht ist, die eigene Form des Unterrichtens kritisch zu analysieren – als mögliche Ursache der Ablehnung des Faches durch die Schüler – so ist sehr oft diese Abneigung im Hier und Jetzt nicht unbedingt in direktem Zusammenhang zum aktuellen Lehrer zu setzen.

Die Schüler von heute ...

Leider hat die Veröffentlichung der ersten beiden PISA-Studien dafür gesorgt, dass jede Menge selbst ernannter Experten in der Öffentlichkeit aufgetreten sind und dabei ein völlig verqueres und undifferenziertes Bild der Jugendlichen, also der Schüler, gezeichnet haben. Grundtenor: Die heutigen Schüler sind schlecht, schlechter und gar dümmer als früher. Davon abgesehen, dass jede Schülergeneration diese wehleidigen Polemiken einiger Vertreter der Eltern- und Großelterngeneration kennt – dies ist seit der Antike eine Konstante, scheint dieses »Wir waren damals doch noch besser« auch mit einem gewissen Neid auf die Jugend der Schülergeneration zu tun zu haben, vor allem aber mit einem generationsspezifischen Miss- und Unverstehen. Problematisch wird es aber dann, wenn die Diskussion völlig einseitig geführt wird und wenn sich Polemiken auf (angeblich) wissenschaftliche Fakten berufen. Wenn Leserbriefe oder Boulevardblätter die Schülergeneration als »erwiesenermaßen« dumm und faul einstufen, kann dies zu nichts anderem als zu Frust und Niedergeschlagenheit führen. Dass diese öffentliche Darstellung falsch ist und ein fundamentales Unverständnis der PISA-Studien offenbart, ist klar, allerdings verletzt und frustriert sie viele junge Menschen auf das Tiefste und ist wohl alles andere als ein Motivationsmotor für die Schule.

Die Motivation der Eltern

Da wir in diesem Buch in der Hauptsache von Motivationsfaktoren reden, sprechen wir auch das Thema »Motivation der Eltern« an. In diesem Kontext muss klargestellt werden, dass in erster Linie ihre Rolle als Motivationskatalysator gegenüber ihren Kindern wichtig ist.

Die meisten Eltern erfahren den schulischen Alltag indirekt, da sie in der Regel ja während der Unterrichtszeit nicht in der Schule präsent sind. Ihr Erfahrungshorizont ist demnach indirekt durch die Berichte der Lehrer und vor allem der Kinder geprägt. Dies bringt natürlich mit sich, dass der vermeintliche Erfahrungshorizont lückenhaft ist, da der Bericht über die Schule zeitlich nicht komplett sein kann. Darüber hinaus sind die Berichte, auf welche die Eltern ihre Einschätzung des schulischen Erlebens stützen, subjektiv, da sie lediglich die spezifische Sichtweise des eigenen Kindes oder des Lehrers wiedergeben. Dies ist ein Faktum, das in alle Überlegungen, was die Einstellung der Eltern gegenüber der Schule angeht, einbezogen werden muss.

Die oben genannten Demotivationsgründe der Kinder in der Schule können so, über die Berichte der Kinder, von manchen Eltern als eigene Sicht übernommen werden. Ob diese Gründe objektiv nachvollziehbar oder vielleicht sehr subjektiv sind und auf Klischeevorstellungen beruhen, ist kurzfristig für die Eltern nahezu nicht auszumachen. Daher ist es sehr wichtig, dass die Eltern mit einer gewissen Kritik an diese Berichte herangehen. Auf der anderen Seite sollten sie sich aber auf jeden Fall gegenüber ihren Kindern für die Schule interessieren – das ist einerseits ein Beitrag zur Motivation der Kinder, andererseits bringen kontinuierliche systematische Berichte aber auch eine etwas realistischere Darstellung der Schule. Umgekehrt sollte dies aber nicht im Ausspionieren der eigenen Kinder münden, die tagtäglich ihren Bericht abzuliefern hätten. Auch hier gilt, dass die Schüler einen gewissen eigenen privaten Raum haben müssen.

Nachdem wir den Erfahrungshorizont der Eltern aufgrund der Prägnanz der Schülerberichte ausgelotet haben, müssen wir uns einigen »elternimmanenten« Ursachen möglicher Probleme mit der Schule widmen. Zum Beispiel gibt es Eltern, die ihre Kinder »in Watte packen«, sie permanent vor der vermeintlich bösen Außenwelt schützen wollen. Besonders bei jüngeren Schülern ist dies der Fall. Die Eltern sind gewohnt, ihre Kinder eng bei sich zu haben und an sich zu binden. Die Schule wird als Einbruch in dieses enge Verhältnis wahrgenommen und damit als Bedrohung empfunden.

Dieses Verhalten wird natürlich verschärft, beziehungsweise bei einigen Eltern sogar erst dadurch hervorgerufen, dass Berichte in der Presse über Gewalttaten in Schulen erscheinen oder aber öffentliche Pauschalattacken gegen die Lehrerschaft geritten werden. Mittels einer gewissen Form von Gruppendynamik und gegenseitiger Eskalation kann dies bei vereinzelten Eltern sogar extreme Züge bekommen, die dazu führen, dass die Schule (gemeint sind die Mitschüler und Lehrer) als feindliches Umfeld für das eigene Kind angesehen wird. Nun ist klar, dass die Einstellung der Eltern gegenüber der Schule nicht ohne Einfluss auf die Kinder bleibt. Auch dies gilt wieder besonders im Hinblick auf jüngere Kinder. Eine eigene negative Haltung der Eltern zur Schule wird kaum dazu führen, dass das Kind auf Anhieb eine positive Grundhaltung der Schule gegenüber herausbildet.

Dies gilt auch in Bezug auf die Biografie der Eltern. Die Elterngeneration ist vor ein bis zwei Jahrzehnten zur Schule gegangen, hat oft andere Schulen besucht und ist mit anderen Lehrertypen und Lernmethoden konfrontiert worden. Zum Teil wird die eigene Schulzeit im Rückblick verklärt. Sind die Erinnerungen an die eigene Schulzeit positiv, so ist das natürlich ein förderlicher Ansatz! Leider sind die Erinnerungen der Eltern bisweilen aber auch negativ und die Gefahr besteht, dass diese Grundeinstellung auf die Kinder übertragen wird, möglicherweise noch verstärkt durch eigene »Horrorgeschichten«, die den Kindern schon vor Schuleintritt vermittelt werden. Werden dann auch noch die Lehrer zu Hause pauschal und systematisch in ein schlechtes Licht gerückt, sind das die besten Voraussetzungen dafür, dass diese Kinder in eine unangenehme konfliktuelle Situation zwischen Schule und Elternhaus gebracht werden.

Wenn auch die meisten Durchschnittseltern pädagogische Ansätze und den Schulalltag nicht wirklich kennen, sondern nur auf ihre eigenen Erfahrungen als Kinder zurückgreifen können, so sind auch Eltern, die selbst Lehrer sind, nicht vor dem hier angesprochenen Problem gefeit. Möglicherweise haben sie ein besseres Gesamtbild der Schule, aber im Einzelfall treten sie zum Teil dermaßen destruktiv gegenüber dem Lehrer der eigenen Kinder auf, dass dies wieder zum Problem werden kann. Dies äußert sich darin, dass besagte »Lehrer-Eltern« einen überzogen kritischen Blick auf das Agieren des Kollegen werfen und dabei riskieren, diesen durch Bemerkungen zu Hause bei den eigenen Kindern zu diskreditieren.

Neben diesen eher subjektiven Problemen, die die Haltung der Eltern gegenüber der Schule beeinflussen, gibt es natürlich noch zahlreiche andere Schwierigkeiten. So kann beispielsweise der soziale Unterschied (in die eine oder andere Richtung) ein Hemmnis im Umgang zwischen Eltern und Schule sein. Genauso kann der religiöse oder kulturelle Unterschied Probleme machen. Je nachdem, wie wichtig die Schule als solche von den Eltern erachtet wird, kann dies auch auf die Einschätzung der Kinder einwirken. Wird die Schule durch die eigene Biografie der Eltern als nicht zentral für die Lebens- und Berufsplanung eingeschätzt, so beeinflusst dies natürlich das Interesse der Kinder für die Schule.

Dasselbe gilt bei Eltern, die Angst vor der Schule haben und daher auch Angst davor haben, zum Elternabend zu gehen oder einen Lehrer auf Probleme des eigenen Kindes anzusprechen. Hierzu kann unter Umständen das Sozial- oder Bildungsgefälle zwischen Lehrerschaft und einzelnen Eltern beitragen. Verschärft wird dieses Problem bei Eltern der Einwanderergeneration, die möglicherweise nur ihre eigene Muttersprache beherrschen und vor allem daher Angst vor einer Unterhaltung mit dem Lehrer haben.

Frustration der Eltern gegenüber der Schule kann natürlich auch aus anderen Ursachen entstehen: Beispielsweise beim Besuch eines Elternabends, wo kaum ein Lehrer der Klasse präsent ist und der Eindruck entsteht, dass die Lehrer nicht an den Kindern interessiert sind. Ein Problem ist auch ein Lehrer, der beim Elternabend den Eltern gegenüber abschätzig von den Kindern spricht oder die Eltern sogar angreift und sie pauschal für die vermeintlichen Probleme der Kinder im Unterricht verantwortlich macht. Genauso frustrierend für die Eltern (und für die Lehrer) kann aber ebenfalls ein chaotischer, langatmiger und unproduktiver Elternabend sein, der in den Augen der Eltern den Alltag in der Schule widerspiegelt.

Lehrer, die bei Problemen des Kindes, für die Eltern nicht zu sprechen sind oder die nur telefonisch erreichbar und kurz angebunden sind, aber auch Klassenlehrer, die sich selbst dann nicht bei den Eltern melden, wenn das Kind in großen Schwierigkeiten steckt, tragen nicht zur Motivation der Eltern gegenüber der Schule bei. Diese Liste könnte noch um etliche weitere Punkte fortgesetzt werden. Entscheidend aber ist, dass die Motivation der Schüler sehr stark von der Motivation der Eltern für die Schule abhängt. Daher sind motivierte Eltern, die ein gutes Verhältnis zur Schule haben, sehr zentral für das Klima, das in den Klassenräumen herrscht.

Zwischenbilanz und Verbesserungsvorschläge

Nach der Analyse der Motivationsdefizite bei Lehrern, Schülern und Eltern stoßen wir auf eine, für manchen vielleicht erstaunliche Erkenntnis: Schüler, Eltern und Lehrer kämpfen größtenteils mit denselben Problemen, denn die meisten Gründe für Demotivation überschneiden sich. Eltern, Lehrer und Schüler sind keine homogenen Gruppen, die sich unversöhnlich gegenüberstehen und im Rahmen völlig unterschiedlicher Ansichten und Interessen antagonistische Fronten darstellen. Genau das Gegenteil ist der Fall, denn wie die oben gemachten Überlegungen zur Demotivation in der Schule zeigen, plagen die Hauptrepräsentanten der Schulgemeinschaft sich fast alle mit denselben Problemen herum, angefangen bei der Infrastruktur, der Schulbehörde, den Disziplinproblemen, dem Chaos, der Unter- und Überforderung, dem gegenseitigen Missverstehen. Gerade hierin liegt aber auch die große Chance. Ist jedem klar, dass Auseinandersetzungen zwischen den Gruppen der Lehrer, Schüler und Eltern zwar vorkommen, aber die Gemeinsamkeiten sehr viel stärker und bedeutsamer sind, ist ein Lösungsansatz näher. Um Veränderungen und Verbesserungen zu erreichen, ist die Solidarität der Schulgemeinschaft entscheidend! Natürlich wird es immer Differenzen geben und im Einzelfall auch mal unüberwindbare Streitigkeiten, aber im Ganzen gesehen kann die Schule sich nur verbessern, wenn alle betroffenen Akteure dieselbe Zielrichtung einschlagen.

Die Kapitel über die Demotivation der Schulgemeinschaft bergen natürlich das Risiko, dass der bittere Nachgeschmack bleibt, unsere Schule sei insgesamt ziemlich ausgelaugt und in einer völlig negativen Stimmungslage. Allgemein gesehen kann dies zwar nicht ohne Weiteres behauptet werden, allerdings nehmen die Schulen zu, wo eine tendenziell schlechte oder demotivierte Stimmung vorherrscht. Natürlich gibt es glücklicherweise immer noch sehr positive Beispiele von Schulen mit größtenteils motivierten Schülern, Lehrern und Eltern. Die aber funktionieren und geben keinen Anlass zu Diskussionen. Andererseits gibt es sicher auch Schulen, die, vor allem durch eine außerschulische Symptomatik, sich dermaßen negativ und problematisch entwickelt haben, dass oft ganz radikale Maßnahmen getroffen werden müssen, die bis hin zu einer Neuaufteilung der Schulpopulation auf diverse andere Schulen gehen. An dieser Stelle beschäftigen wir uns aber mit der breiten Masse der Durchschnittsschulen und ihren Problemen und da gehört das zentrale Thema der Demotivation dazu. Sind die Ursachen dafür einmal erkannt, ist ein Lösungsansatz zumindest greifbar. Natürlich können niemals alle Probleme gelöst werden, aber die Schule kann wieder (oder noch) besser werden. Nicht alle bisherigen schulpädagogischen Ansätze waren schlecht, vielleicht waren die meisten sogar gut, aber die Gesellschaft, wir alle, und somit auch die Schule, haben sich geändert und wir müssen diesen Änderungen Rechnung tragen. Solange dies nicht in aller Deutlichkeit eingesehen wird, werden viele Ursachen für Demotivation bleiben, mit allen Konsequenzen für die Schule!

Aufbauend auf den ersten Kapiteln, die vor allem eine Negativbilanz dargestellt haben, werden wir uns im Folgenden eingehend mit Lösungs- und Verbesserungsmöglichkeiten befassen. Vorausgeschickt werden muss aber, dass es selbstverständlich keine Wunderlösungen gibt, oft liegen gute Ansätze in völlig unspektakulären Methoden. Wer sich große ideologische Thesen erwartet, wird sicherlich an dieser Stelle enttäuscht, denn die Alltagspraxis zeigt immer wieder, dass große, womöglich sektiererische pädagogische Ideologien keinesfalls als Problemlöser taugen.

Darüber hinaus muss aber auch jedem klar sein, dass selbst die in diesem Buch vorgeschlagenen Lösungsansätze nicht immer funktionieren und dass Lehrer, Schüler und Eltern im Einzelfall durchaus auch scheitern können. Individuelle oder situativ bedingte Aspekte können dieses Scheitern durchaus im Individuellen erklären und bedeuten keineswegs, dass eine Person etwas nicht kann oder dass die Methode nicht funktioniert.

Klappt, trotz vielen Bemühens, der Unterricht einmal nicht, ist es gut und wichtig, dass der Lehrer sich in Frage stellt, es heißt aber nicht automatisch, dass der Lehrer daran »Schuld« ist. Es gibt so viele Einflüsse von außen, dass es Situationen gibt, wo alle Bemühungen unwirksam sind oder zumindest nur sehr bedingt greifen. Aber auch die Erfahrung, dass es mal nicht geklappt hat, ist wichtig, denn sie bringt einen Lehrer auch voran, verhindert einerseits Arroganz und Blindheit, bringt aber andererseits auch die wichtige Erkenntnis, dass niemand ein Übermensch sein muss und sein sollte – die Menschen sind glücklicherweise Individuen, die auf der Suche nach der absoluten Perfektion auch regelmäßig stolpern – nur so bleiben sie menschlich und nur so sind sie gute Lehrer!

Schule und Motivation – positive Ansätze

Aus den bisherigen Kritikpunkten und Analysen ergeben sich Ansätze, die sich zu einem Geflecht zusammenfügen lassen, das eine Motivationsförderung für alle Schulbeteiligten bringen kann. Denn eines ist klar: ohne Motivation in der Schule und für die Schule geht es Schülern, Lehrern und Eltern schlecht. Wie kann also mehr Motivation in der Schule hergestellt werden? Drei Bereiche sind dazu wichtig: der äußere Rahmen, die pädagogische Kompetenz und die Interaktion mit der Außenwelt.

Drei zentrale Bereiche

Im Folgenden werden wir uns näher mit diesen drei Bereichen auseinandersetzen, vorher aber sollte noch einmal festgestellt werden, dass hier keine standardisierten Modelle für die gute Schule dargeboten werden. Schon allein die Definition, was eine gute Schule ausmacht, ist sehr subjektiv und kann von diversen ideologischen Standpunkten her stark variieren. Daher möchten wir an dieser Stelle ganz klar keine dieser Ideologien ausarbeiten, die leider zu oft wenig Bezug zur Realität haben.

Wir möchten aufgrund empirischer Beobachtungen, schulischer und pädagogischer Alltagserfahrungen und vieler Gespräche zwischen den schulischen Akteuren Denkanstöße und Konzeptansätze liefern, die ihrerseits Basis für spezifische pädagogische Prozesse sein können. Das heißt, dass in der Schule als erster Schritt ein positiver Rahmen, beziehungsweise ein positives Klima geschaffen werden muss, in dem dann pädagogische Strukturreformen greifen können!

Neue Lernmethoden, neue Strukturen, neue Bewertungskriterien werden nicht greifen und zum großen Teil erfolglos sein, wenn sie nicht auf einem fruchtbaren Boden aufgebaut werden. Hierzu ein kurzes Beispiel: Das so genannte europäische Sprachenportfolio sieht bis ins Detail strukturierte und differenzierte Kompetenzniveaus für Sprachen vor. Danach soll der Schüler nicht mehr Opfer einer frustrierenden Note aufgrund einiger weniger schriftlicher Klassenarbeiten sein, sondern es werden sehr viel mehr Parameter zur Kompetenzbestimmung berücksichtigt. Dabei kann dem Schüler zu jedem Augenblick mitgeteilt werden, auf welcher Kompetenzstufe er gerade steht, woran er noch arbeiten muss und wo er hingelangen soll oder kann. Für bestimmte Schultypen und Klassenstufen sind bestimmte Portfolio-Einstufungen vorgegeben. All dies klingt zuerst einmal ermutigend für die Schüler, vorausgesetzt, es wird richtig angewandt. Nun zu unserem Beispiel: Der Lehrer kann zum Schüler sagen »*Im Fach Deutsch hast du nun schon die Kompetenzstufe B2 erreicht, du bis gut im Mündlichen, kannst dich auf gutem Niveau unterhalten; das Schriftliche reicht für die Alltagskommunikation, Fachaufsätze sind aber noch nicht möglich. Wir werden jetzt zusammen daran arbeiten, einige Schwierigkeiten auszubügeln, damit du auf deiner guten Basis aufbauen und in einem Jahr die Stufe C1 erreichen kannst*«. Ein anderer Lehrer sagt aber möglicherweise Folgendes: »*Du hast nur die Kompetenzstufe B2 erreicht, du kannst dich schriftlich nur unzureichend im Rahmen der simplen Alltagskommu-*

nikation ausdrücken. Nicht mal C1 ist als Einstufung für dich drin!« Ein und dieselbe Definition und Einstufung, aber zwei völlig verschiedene Interpretationen! Im ersten Fall wird der Schüler einer konstruktiven Kritik ausgesetzt und motiviert, im zweiten Falle haben wir es mit der »gängigen« Frustration zu tun, die häufig für die Kinder auf der Tagesordnung steht, wenn sie die klassischen Noten in den Klassenarbeiten erhalten. Gerade dies aber wollte man mit dem Sprachenportfolio verhindern! Einerseits soll eine differenzierte und exakte Evaluation möglich sein, andererseits soll durch Differenzierungen, die dem Schüler Schwächen, aber eben auch Stärken zeigen, die Frustration genommen werden. Unser Beispiel zeigt aber, dass allein das Einführen solcher guter pädagogisch-struktureller Ansätze in der Schule keinen Erfolg hat, wenn die Basis, das heißt, das Klima, in dem mit diesen Methoden gearbeitet wird, nicht stimmt.

Erstens: der äußere Rahmen

Was die materiellen Rahmenbedingungen anbelangt, ist es einerseits wohl recht einfach zu definieren, was hier gebraucht wird, andererseits sind Forderungen materieller Art manchmal aber mit am schwierigsten durchzusetzen. Wichtig für eine angenehme Schule der Motivation sind moderne oder renovierte Gebäude in ansprechenden Farben mit funktionierenden Infrastrukturen, genug Spezialsälen, Computern, ordentlichen Schulrestaurants, ausreichend Sportinfrastrukturen und Räumen für die außerschulische Zeit. Allgemein muss es genug Klassensäle geben, um hohe Schülerzahlen pro Klasse zu verhindern, aber auch Säle für Gruppenarbeiten und individuelle Betreuung müssen in ausreichender Zahl zur Verfügung stehen; und bei all dem muss natürlich diese Infrastruktur permanent instand gehalten werden. Außerdem braucht eine gute Schule genug qualifiziertes Lehrpersonal; aber auch Sozialpädagogen, Sozialarbeiter und Psychologen muss es geben, damit die Schule mit der realen Welt klarkommt. Außerdem sollten dem sozio-pädagogischen Personal genug Räumlichkeiten und Materialien zur Verfügung stehen, damit es seine Aufgaben vernünftig und im Interesse der Schüler erfüllen kann. Darüber hinaus sollte die Möglichkeit geboten sein, interne Schulungen und Weiterbildungen im Schulgebäude für die Lehrer durchzuführen.

Neben dieser sehr zentralen Infrastruktur gehören zu den wichtigen äußeren Rahmenbedingungen aber auch die Politik und die Schulbehörde. Von der Politik müssen klare Vorstellungen, Ideen und Anweisungen kommen, die nicht im Geringsten tagespolitisch und populistisch gefärbt sind, sondern auf pädagogischer und soziologischer Fachkompetenz beruhen.

Die Abwertung von Lehrern und Schülern hat im Diskurs ernst zu nehmender und verantwortungsvoller Politiker nichts zu suchen. Entscheidungen der Politik und der Schulbehörde müssen für Lehrer, Eltern und Schüler nachvollziehbar sein. Bei sehr zentralen Entscheidungen sollten Konsultationen geführt werden. Auf keinen Fall sollte die Kreativität in einer Schule von einer Schulbehörde als etwas Negatives angesehen werden. Das heißt, dass eine Schulbehörde bei aller Kontrolle, die nötig ist, auf keinen Fall durch extrem enge Programm- und Inhaltsvorgaben, aber auch nicht durch eine rigide sich selbst petrifizierende Methodenvorgabe Kreativität und Flexibilität in der Schule ruinieren darf. Wenn ein allzu bürokratischer Apparat neben der Schule aufgebaut wird, der nur noch testet, überwacht, auswertet und statistisch erfasst, dann kann das den schulischen Ablauf dermaßen blockieren, dass für pädagogische Motivation kein Platz mehr ist. Die totale Unterrichtsvorgabe für den Lehrer, der also nur nach strikt vorgegebenen Methoden und Strukturen arbeiten darf, ist nicht förderlich für die differenzierte Arbeit mit Schülern unterschiedlicher Kompetenzgruppen.

Leider ist in vielen aktuellen schulpolitischen Ansätzen zu beobachten, dass Schule und Unterricht immer stärker verwaltungstechnisch normiert werden. Ähnlich wie die Produktion im Industriebereich normiert ist, scheint auch der Unterricht normiert zu werden. Nach außen hin wird dies durch ein Gleichheitsprinzip gerechtfertigt, führt aber in Wirklichkeit zum Gegenteil, nämlich dazu, dass einerseits der Lehrer nicht durch flexible Unterrichtsanpassung auf lernschwächere oder auch stärkere Schüler eingehen kann, er darüber hinaus aber auch jegliche für die Schüler interessante und motivierende Originalität verliert. Daher hier die ganz klare Aussage: Ein Rahmenlehrplan ist unbedingt wichtig, er muss aber pädagogisch sinnvoll sein und regelmäßig, jedoch nicht hektisch, den neuen pädagogischen und gesellschaftlichen Bedürfnissen angepasst werden. Allerdings muss immer Raum für das positive und flexible Agieren des Lehrers mit seinen Schülern vorhanden sein.

Ihrerseits sollten Schulbehörden und Direktorenkollegien den Lehrern (bei getaner Arbeit) auch das Gefühl der Anerkennung geben und dies vor allem dadurch umsetzen, dass die Lehrer in schwierigen Situationen unterstützt werden.

Eine solche moralische Unterstützung bei populistisch-politischen Angriffen auf die Lehrer ist sehr wichtig für das angespannte Nervenkostüm etlicher Pädagogen. Darüber hinaus sollte gegenüber Lehrern bei Beanstandungen ihres Unterrichtes zuerst einmal immer die Unschuldsvermutung gelten und vonseiten der Direktoren und Schulbehörden hier differenziert vorgegangen werden, wobei selbstverständlich den jeweiligen Vorwürfen, mit Respekt gegenüber allen Beteiligten, nachgegangen werden muss.

Schließlich ist es von zentraler Bedeutung, dass die Schulleitung sich bewusst ist, eine Schule mit Menschen nach humanistischen Gesichtspunkten leiten zu müssen. Dazu gehören klare und verständliche Darstellungen, dazu gehört ebenfalls, dass klare Entscheidungen getroffen werden, dass in den eigenen Entscheidungen aber auch immer Raum für Flexibilität bleibt. Darüber hinaus muss der Mensch in der Personalpolitik einer Schule im Vordergrund stehen: das heißt die Schüler, die Eltern und die Lehrer! Eine Schulleitung muss auch menschlich ausgeglichen vorgehen, für die Schulpopulation zugänglich und ansprechbar sein und darf die Schule keinesfalls einer unberechenbaren Launenhaftigkeit aussetzen. Im Umkehrschluss wird eine solche Schulleitung auch implizit die nötige Autorität haben und das nötige Verständnis für ihre eigenen Schwierigkeiten vonseiten der meisten Lehrer, Eltern und Schüler erwarten können.

Zweitens: Die pädagogische Kompetenz

Lange Zeit wurde der Lehrer als reiner Wissensvermittler gesehen, heute werden immer weitere Elemente in den Vordergrund der Lehrerfähigkeiten gestellt. Dabei soll der

Lehrer zum Teil auch erzieherische Aufgaben übernehmen. Allein diese beiden unterschiedlichen Berufsbilder führen oft zu Konflikten, sogar innerhalb der Lehrerschaft: Die einen sehen sich als Dozent, der Wissen vermittelt, die anderen haben eine Eigenperspektive als Begleiter und erzieherischer Vertrauter der Schüler. Im Widerstreit zwischen beiden Gruppen, der zum Teil mit ideologischer Sturheit geführt wird, merken beide Gruppen oftmals nicht, dass sie möglicherweise dasselbe meinen, es nur unterschiedlich formulieren.

So wäre es absurd zu meinen, der Lehrer, der sich als reiner Wissensvermittler sieht, bräuchte keine pädagogische Kompetenz. Ein Aspekt der Pädagogik besteht ja eben auch in der Art und Weise, wie ein Stoff an ein Publikum vermittelt wird. Die Techniken dieser Vermittlung sind natürlich anzupassen, je nachdem, ob das Publikum homogen oder heterogen ist, ob es sich um Kinder, Jugendliche oder Erwachsene handelt. Klar ist aber: Jeder, der vor ein Publikum tritt und sein Wissen weitergeben möchte, braucht pädagogische Ansätze, damit sein Anliegen Erfolg hat. Wer ohne pädagogische, aber auch rhetorische Konzepte vor ein Publikum tritt, wird nicht in der Lage sein, sein Wissen an die Mehrheit des Publikums weiterzugeben. Dabei sind der Erwerb der pädagogischen Ansätze und der Umgang mit ihnen sehr unterschiedlich. Jemand kann eine sehr akademische pädagogische Ausbildung haben, ein anderer kann viel stärker erfahrungsbezogen vorgehen. Die pädagogischen Ansätze können sehr bewusst vorbereitet und schon vorformuliert sein, genauso gut können sie aber internalisiert sein und schon fast unbewusst abgerufen werden.

Jeder Lehrer, der meint, er würde nur Wissen vermitteln, sollte einmal seinen Unterrichtsablauf genau analysieren, dann wird er merken, dass er zur Vermittlung dieses Wissens etliche Kategorien aus der Pädagogik bedient: Interaktion, Empathie, Differenzierung usw.

Jemand, der völlig ohne pädagogische Ansätze vor ein Publikum treten würde, wäre nicht in der Lage mehr als nur eine rhetorisch schlechte, ziemlich unstrukturierte Rede vorzutragen. Leider gibt es solche Fälle vereinzelt sowohl im Schulalltag, als auch in anderen Bereichen wie etwa der Wirtschaft, der Verwaltung und der Politik, aber diese Fälle sind glücklicherweise selten, leider sind sie jedoch oft auch behandlungsresistent, da die Betroffenen wenig Außensicht auf ihr eigenes Verhalten haben.

Kommen wir zurück zur Eingangsthese: Jeder, der unterrichtet, der Wissen vermittelt, bedient sich pädagogischer Ansätze, auch wenn sie ihm nicht immer bewusst sind. Und hier liegt natürlich ein erster Unterschied oder ein Konfliktpunkt zur Gruppe der Psychopädagogen, die sich den Prozess der Pädagogik im Schulalltag zum Teil sehr bewusst machen, jedoch im Prinzip dasselbe Arbeitsmuster wie die Gruppe der vermeintlichen Kontrahenten benutzen. Der Unterschied liegt in dem quantitativen Verhältnis von Wissen, Wissensvermittlung, pädagogischen Ansätzen, Erziehung und Psychologie im Unterricht. Jeder bedient sich dieser Kategorien, aber jeder in unterschiedlichen Maßen!

Wie viel Wissen nun vermittelt werden soll, wie viel Erziehung, Pädagogik oder Psychologie notwendig ist, hängt allerdings nicht vom Gutdünken oder von der ideologischen Überzeugung des Lehrers ab, sondern vom Ziel, das der Lehrer erreichen soll. Und dieses Ziel liegt im Fördern einer optimalen Bildung und Ausbildung der Schüler. Trotzdem reicht es nicht, vor eine Klasse zu treten und einige Gleichungen, literarische Werke oder Gebrauchstexte vorzutragen, damit dieses Ziel erreicht wird. Das Problem liegt vor allem darin, dass der Lehrer, will er den Unterrichtsstoff vermitteln, in eine Interaktion zu den Schülern treten muss. Er muss zuallererst die Schüler einschätzen können: Welches Vorwissen, welche Lernwilligkeit, welche Aufnahmefähigkeit haben sie? Dies sind Faktoren, die vom Individuum abhängen, aber auch von dessen Biografie, sie sind von dem Ausbildungsstand der Schüler abhängig, ebenso wie von ihrer derzeitigen intellektuellen, mentalen und physischen Verfassung.

Einige Beispiele: Eine Mathematikstunde am Ende eines Unterrichtstages oder kurz nachdem die Klasse im Schulrestaurant zu Mittag gegessen hat, ist sicherlich ungünstiger für die Aufnahme von Lernstoff und für die Aufmerksamkeit als eine Unterrichtseinheit um 10 Uhr morgens. Ein Kind, das gerade die Scheidung und den Streit der Eltern miterlebt, ist sicherlich nicht so konzentriert wie ein Kind, dessen familiäre Verhältnisse geregelt sind. Ein Kind, das an einer Schilddrüsenunter- oder -überfunktion leidet, kann sich ebenfalls aufgrund der Krankheit wenig konzentrieren. Dies sind natürlich eindeutige Fälle, aber ebenso ist es mit Kindern, die demotiviert oder frustriert zur Schule kommen. Diese Probleme kann man genauso wenig ignorieren wie die eben genannten Gründe, denn alle diese Elemente führen dazu, dass das Wissen, das der

Lehrer den Schülern vermitteln will, Hürden auf dem Weg dorthin vorfindet.

Nun könnte ein Lehrer theoretisch sagen: »*All das ist mir egal – die Schüler haben zu lernen und sich nach mir zu richten*«. Diesem Lehrer sollte man allerdings dringend raten einen anderen Beruf zu wählen, denn das wäre in etwa so, als ob der Arzt alle Patienten ablehne, die krank sind. Die Schüler, die ein Lehrer in der Klasse hat, sind nun mal eben, wie sie sind, sie sind nach einem ganzen Schultag müde, bei Streit zu Hause unkonzentriert und traurig, bei Krankheit weniger leistungsfähig und auch mal demotiviert und frustriert.

Dies alles zu ignorieren, also die Aufnahmefähigkeit der Schüler auszuklammern, wäre eine Verkennung der Realität und würde zu einem verfehlten Unterricht führen. Dabei spielt es keine Rolle, ob man die Gründe für die Aufnahmefähigkeit der Schüler nun akzeptiert, sie nachvollziehen kann oder nicht, es geht ausschließlich darum, dass die Defizite da sind und man damit arbeiten muss, sonst kann kein Wissen vermittelt werden!

Der Lehrer muss also daran arbeiten, die Gründe für eine reduzierte Aufnahmefähigkeit, falls vorhanden, zu erkunden und durch gezielte Ansätze die Aufnahmefähigkeit so weit wie möglich wieder herzustellen, um sein Wissen ohne allzu große Hindernisse an die Schüler zu bringen. Nur so kann der Bildungsauftrag, den der Lehrer hat, und der die Essenz seines Berufes ausmacht, auch erfüllt werden. Natürlich wird auch im optimalen Fall die Aufnahmefähigkeit aller Schüler nicht identisch sein, genauso wie der spätere Bildungsgrad nicht gleich sein kann. Auch gibt es Fälle, wo der Lehrer selbst nach eingehenden Versuchen eine Verbesserung der Aufnahmefähigkeit nicht erreichen kann, weil weiterreichende schulexterne Ursachen dies verhindern. Entscheidend ist aber, dass es die Arbeit des Lehrers an sich ist, die für ihn erreichbaren optimalen Bedingungen herzustellen, damit die Bildung der Schüler möglich wird.

Genauso wie zwecks Wissensvermittlung der emotionale und mentale Zustand der Schüler nicht ignoriert werden darf, ist auf der anderen Seite der Auftrag der Schule natürlich in seiner Ausschließlichkeit auch nicht der einer psychologischen Betreuung. Gerade hier aber werden in einigen Fällen von der Lehrerschaft Fehler gemacht. Ist das Ziel Bildungsvermittlung aus den Augen verloren, wird es gar vergessen, wird auch die Arbeit an der reduzierten Aufnahmefähigkeit, demnach also die Verbesserung der Bildungsübermittlung, vergessen. In diesem Fall steht ausschließlich das emotionale, mentale oder psychische Problem des Kindes im Mittelpunkt und dessen Behandlung wird zum Selbstzweck; dies entspricht allerdings nicht dem Bildungsauftrag der Schule. Vor allem die Lehrer sind keine Spezialisten, die Kinder psychologisch therapieren sollen, dafür gibt es Fachleute. Falls ein Schüler Probleme hat und ein Gespräch mit dem Lehrer darüber akzeptiert, muss dieser entscheiden, ob die Probleme tiefer liegen, und dem Schüler gegebenenfalls empfehlen, ihn an einen Spezialisten weiterzuleiten. Der Lehrer darf nicht therapieren, er ist in dieser Hinsicht kein Spezialist und kann daher sehr viele Fehler machen. Allzu psychologisierende Lehrer können sehr schnell in eine Welt hineinleiten, die nicht mehr der realen Welt entspricht; aus hehren Gründen können sie den Schülern Schaden zufügen, indem sie etwas tun, was über ihre Kompetenzen hinweggeht. Darüber hinaus kann ein allzu psychologisierender Lehrer sich eine Weltsicht zulegen, die alltägliche Gegebenheiten der Schule und der Schüler dermaßen problematisiert, dass ein normaler Umgang mit Schülern, die überhaupt nicht auf Betreuung angewiesen sind, unmöglich wird; ja es kann sein, dass Schüler diesen Lehrer sogar ablehnen, weil er sich Zugang zu ihrem Innersten erzwingen will und kein normales Schüler-Lehrer-Verhältnis mehr aufbauen kann.

Das wichtigste Instrument: »Empathie«

Nach diesen Grundlagen über den Umgang mit den Schülern machen wir nun einen weiteren Schritt in den konkreten schulischen Alltag hinein. Wir haben es schon festgestellt: Im Umgang mit Schülern ist Interaktion von Nöten, und zwar um die Schüler zu begreifen und somit auch mögliche Probleme im Unterricht, zumindest ansatzweise, lösen zu können. Ein zentrales, wenn nicht sogar das wichtigste Instrument hierzu ist die Empathie.

Unter Empathie verstehen wir das Sich-hinein-versetzen in einen Schüler. Es geht darum, ein Gespür für die Sichtweise und die Befindlichkeit des Schülers zu entwickeln. Der Lehrer kann dadurch möglicherweise bestimmte Schülerreaktionen antizipieren. Durch Empathie kann sich der Lehrer demnach in die Perspektive der Schüler versetzen und ihr Handeln somit zum Teil auch nachvollziehen.

An dieser Stelle ist es wichtig klarzustellen, dass Empathie heißt, dass man beispielsweise die Reaktion eines Schülers ursächlich versteht und ihr Zustandekommen nachvollziehen kann: Der Lehrer muss aber dadurch diese Reaktion nicht akzeptieren. Empathie heißt verstehen, aber nicht in jeder Hinsicht gutheißen!

Auf der einen Seite wird der Lehrer, falls er empathisch vorgeht, feststellen, dass bestimmte Konflikte mit Schülern gar nicht erst entstehen, da er gewisse Zustände des Schülers verstehen und sogar akzeptieren kann. Auf der anderen Seite hat der Lehrer durch Empathie auch die Möglichkeit Konflikte zu umgehen oder gleich zu entschärfen. Darüber hinaus bietet Empathie die Möglichkeit, bei verstandener Schülerreaktion, konstruktiv einzuwirken, um dem Schüler mögliche positive Alternativen aufzuzeigen, statt ihn gleich negativ abzustrafen.

Doch wie kommt Empathie zustande? Sicher gibt es Menschen, die durch Umstände der Erziehung, der Sozialisierung und bedingt durch ihren Charakter von sich aus eine gewisse empathische Fähigkeit mitbringen. Jedoch kann Empathie auch, zumindest zum Teil, gelernt oder ausgebaut werden. Voraussetzung ist, dass der Lehrer also seinen Umgang mit den Schülern interaktiver gestalten will, dadurch, dass er ihre Reaktionen verstehen und sie positiv begleiten will. Empathie beruht auf mehreren Faktoren:

Durch die eigene Biografie kennt jeder Mensch bestimmte Reiz-Reaktionsmuster; aus dieser Erfahrung heraus können auch die Reaktionen anderer Menschen verstanden werden. Andererseits aber muss man der eigenen biografischen Erfahrung immer etwas kritisch gegenüberstehen, denn gerade die eigenen Reaktionen können, aufgrund generationsbedingter oder soziologischer Unterschiede, von denen anderer Menschen völlig abweichen.

Die Beobachtung der Körpersprache verrät sehr viel über das Denken eines Schülers. Beispielsweise verrät die Körperhaltung sehr viel über Interesse oder Passivität. Die Mimik ist ein wichtiges Element um Indikatoren für Verständnis oder Nicht-verstehen zu bekommen, zeigt aber auch Sympathie und Antipathie, zum Beispiel für Lernstoffe, aber auch für Personen.

Genauso wie die Körpersprache verrät auch die gesprochene Sprache viel über die Befindlichkeit eines Menschen. Die intuitive Analyse ihrer Lautstärke, aber auch die Beobachtung von Semantik und Syntax können sehr hilfreich sein.

Der Augenkontakt ist ebenfalls zentral, obwohl er natürlich nicht in eine übertriebene Fixierung der Schüler ausarten darf.

Der Inhalt des Schülergespräches sagt sehr viel über die Perspektive der Schüler aus.

Schließlich bringt auch der biographische, generationsbedingte und soziale Hintergrund des Schülers zusätzliche Elemente des Verstehens, auch wenn diese Hintergrundinformation für den Lehrer nur inkomplett sein kann, denn keinesfalls sollte der Lehrer sich Zugang zur Privatsphäre des Schülers verschaffen wollen.

All diese Faktoren können natürlich nicht auf einer Liste stehen, wo der Lehrer Einzelbeobachtungen ankreuzen und dann eine Art empathisches Schülerprofil erstellen würde. Nur durch eine gewisse Erfahrung und durch ein intuitives Erkennen der eben genannten Faktoren ist Empathie möglich. Vergleicht der Lehrer seine Erfahrungen mit mehreren Klassen und Schülern, bespricht diese gar mit Kollegen, so ist dies ein guter Ansatz, um Zugang zur empathischen Betrachtungsweise zu bekommen. Es würde den Rahmen dieses Buches sprengen, alle möglichen einzelnen verbalen und nonverbalen Interpretationen zu analysieren oder etwa bestimmte Körperhaltungen aufgrund ihrer Symbolik zu interpretieren. Hierzu gibt es neben schlechter und nicht empfehlenswerter Trivialliteratur einige vernünftige Fachpublikationen. Jedoch muss davor gewarnt werden, quasi mathematisch an Empathie heranzugehen, sie funktioniert nicht schematisch nach festgelegten Strukturen, sie betrifft Menschen und zwar sowohl den beobachteten Schüler wie auch den beobachtenden Lehrer, und deshalb ist Empathie immer sehr individuell und zum Teil natürlich auch subjektiv. Dies bedeutet, dass neben vielen Vorteilen, welche eine empathische Vorgehensweise im Unterricht hat, natürlich nie alle Reaktionsmuster der Schüler vom Lehrer verstanden werden können. Auch Lehrer mit guten empathischen Fähigkeiten können unter gewissen Umständen bei der Interpretation einer Schülerreaktion völlig falsch liegen. Ungenügende Kenntnis des Schülers, externe Faktoren, aber auch eigene Klischees können den Lehrer in seiner Einschätzung täuschen. Daher ist auch beim empathischen Ansatz immer eine vernünftige Eigendistanz verlangt, welche die Möglichkeit der Fehlbarkeit des Lehrers nicht ausschließt.

Empathie im schulischen Alltag

Empathie bringt im Unterricht dermaßen viele Vorteile, dass sie dort eine zentrale Rolle spielen sollte. Natürlich ist es sehr schwierig konkrete Beispiele ihrer Anwendung im

Unterrichtsalltag aufzuzeigen, da es sich nicht um eine pädagogische Doktrin oder eine Lernmethode handelt. Empathie muss in jeder Handlung des Lehrers präsent sein, und wird so im Zusammenspiel mit seinen pädagogischen Ansätzen Wirkung zeigen. Nehmen wir beispielsweise an, der Lehrer stellt einem Schüler eine Frage. Der Schüler gibt die erwartete, richtige Antwort. Bedingt dadurch, wie der Schüler auf diese Frage antwortet, in welcher Tonlage und Lautstärke und abhängig von seiner Mimik, merkt der geübte Lehrer, ob die Frage auch wirklich verstanden worden ist und die Antwort aus der Kompetenz des Schülers hervorgegangen ist, oder ob es eher ein Zufallstreffer war und es doch noch viele Unsicherheiten gibt. Empathie vermittelt dem Lehrer auch ein Gefühl für den Zustand der Klasse und das schon wenige Augenblicke, nachdem er den Klassensaal betreten hat. Sind die Schüler an dem Tag sehr oder nur wenig aufnahmebereit, sind sie bereits gestresst durch einen Vorfall in der Unterrichtsstunde vorher, ist das Klima freundlich oder feindlich? Vielen Lesern werden solche Feststellungen normal erscheinen, aber eben diese Aspekte gehören auch zum Bereich Empathie. Leider gibt es Lehrer, die zum Beispiel das aktuelle Klima in einer Klasse nicht gleich erfassen und es erst nach Minuten oder gar am Ende der Unterrichtsstunde bemerken. Nehmen wir an, die Klasse ist gereizt durch irgendeinen Vorfall bei einem anderen Lehrer in der vorhergehenden Unterrichtsstunde, niemand äußert sich aber dazu. Merkt der Lehrer das nicht und beginnt ohne dieses Wissen mit dem Unterricht, wird es sehr schnell zu Konflikten kommen, weil Schüler nicht aufmerksam sind oder bei Rückfragen kurz angebunden reagieren. Selbst hierauf gehen einige Lehrer nicht ein, es kommt unweigerlich zu Konflikten! Bei empathischem Vorgehen kann der Lehrer, bevor Probleme auftreten, durch einige gezielte pädagogische Eingriffe das Klima lockern, er kann zwar die Gereiztheit gegenüber dem vorherigen Ereignis nicht neutralisieren, wird es aber fertigbringen, den eigenen Unterricht bestmöglich über die Bühne zu bringen.

Ein weiteres Beispiel: Der Lehrer kennt seinen Lernstoff bis ins allerletzte Detail, das Fach, das er unterrichtet, ist mit großer Wahrscheinlichkeit eines seiner Lieblingsfächer. Zu merken, dass möglicherweise die Erklärungen, die dem Lehrer vertraut sind und ihm simpel und eindeutig erscheinen, bei manchem Schüler nicht angekommen sind, gehört ebenfalls zur Empathie! Die Fähigkeit, durch intuitive Beobachtung des Schülerpublikums zu merken, dass eine Erklärung die Schüler nicht wirklich erreicht hat, ist sehr zentral für einen guten Pädagogen und ohne viel Nachfragen und umständliche Tests quasi im Augenblick selbst »empathisch« zu ermitteln.

Humaner Umgang

Eines vorweg: Ein Lehrer, der human zu seinen Schülern ist, ist keinesfalls ein Lehrer, der alles toleriert und daher keine Autorität hat, in vielen Fällen ist es gerade umgekehrt. Leider ist in der Perzeption mancher Schulakteure, Lehrer, aber auch Eltern, der Begriff des humanen Umgangs negativ konnotiert und steht klischeehaft für einen »Laissez-faire«-Stil. Dieses eindimensionale Etikett wird natürlich vor allem von einigen Vertretern der so genannten »schwarzen Pädagogik« bedient. Genauso wenig wie das Einfühlen des Lehrers in einen Schüler, also die Empathie, bedeutet, dass der Lehrer deswegen das Verhalten des betreffenden Schülers auch gutheißen muss, genauso wenig bedeutet es, dass der humane Lehrer alle Verhaltensmuster seiner Schüler akzeptiert. Human sein, heißt menschlich mit den Schülern, den Arbeitskollegen und den Eltern umgehen, es heißt vor allem, bewusst menschlich mit ihnen zu interagieren. Dieses Bewusstmachen ist sehr zentral, denn häufig ist der Lehrer der Ansicht, er sei human in seinem Benehmen, merkt aber nicht, dass sein Verhalten in einer spezifischen Situation völlig unangepasst ist. Human sein, heißt einen menschlichen Umgangston in der Sprache und in den Handlungen zu haben. Im Fokus stehen dabei folgende Fragen: Wie reden sich die Schulakteure gegenseitig an, sehen sie einander als Menschen oder nur als anonyme Masse? Ein Lehrer braucht kein Psychologe zu sein, um zu wissen, dass Schüler nicht mit Nachdruck vor einer Klasse entblößt werden dürfen oder dass sie bei familiären Problemen zu Hause möglicherweise veränderte Verhaltensmuster in der Schule an den Tag legen. Wie gesagt, das heißt nicht, dass alle Verhaltensmuster toleriert werden sollen! Genau das Gegenteil ist der Fall, der Lehrer hat die Pflicht, auch für einen humanen Umgang der Schüler untereinander zu sorgen. Natürlich kann er nicht omnipräsent sein, aber dort, wo er inhumanes Agieren einzelner Schüler wahrnimmt, muss er einschreiten. Durch das Einfügen des bewussten humanen Umgangs in den Schulalltag wird es einfacher, dank der Vorbildfunktion des Lehrers, auch Humanität von den Schülern zu erwarten, und sei es auch nur aus dem utilitaristischen Grundsatz, dass der soziale Umgang so für jeden angenehmer ist. Humaner Umgang heißt also auch Grenzen setzen, und dies bringt uns zu einem weiteren Aspekt, der dazu beitragen soll, dass die schulische Grundstruktur zu einer idealen Ausgangsbasis für alle weiteren pädagogischen Strukturreformen wird.

Die Herstellung eines strukturierten Arbeitsumfeldes

Die Schule ist ein sozialer Raum, der, wenn auch auf reduzierter Ebene, die Gesellschaft widerspiegelt. Gesellschaftlicher Konsens ist es, dass eine positive Entwicklung des Individuums nur durch die soziale Ruhe des gesellschaftlichen Umfeldes möglich ist. Es ist demnach ein Grundkonsens, dass sich jeder im gesellschaftlichen Rahmen an vorher festgelegte Regeln hält, damit auch jeder die nötige Ruhe und Sicherheit zur eigenen Entwicklung haben kann. Dies ist natürlich an dieser Stelle sehr bruchstückhaft und verkürzt dargestellt, trifft aber den Kern der Sache und ist ohne Weiteres auch auf die Schule übertragbar. Aufgrund unzähliger Ursachen gibt es natürlich Personen, die diesen Konsens durchbrechen, aber es liegt auf der Hand, dass in der Schule die meisten Schüler Bedingungen haben wollen, die ihnen einen angstfreien und positiven Rahmen schaffen. Diese Feststellung ist sehr wichtig, denn sie bedeutet in ihrer Konsequenz, dass die wenigsten Schüler Unruhe, Chaos und Gewalt in der Schule wollen, da dies letztlich nicht in ihrem eigenen Interesse ist. Aufbauend auf diesem Grundkonsens ist die Herstellung einer minimalen Ordnung in der Schule immer wieder möglich, selbst gegen den Willen einiger Weniger. Dies heißt auch, dass der Lehrer auf dieser Feststellung aufbauen sollte, um Grenzen, nicht gegen die Schüler, sondern mit den Schülern und für die

Schüler festzulegen. Dies mag dem einen oder anderen naiv vorkommen, selbstverständlich sieht die Realität natürlich komplexer aus, aber alle Methoden der Herstellung von »Ordnung« in der Schule müssen auf der eben beschriebenen Prämisse aufbauen, um erfolgreich zu sein. Das heißt also, dass die Schüler begreifen müssen, dass die Herstellung eines strukturierten Umfeldes in ihrem eigenen Interesse funktioniert. Damit die Schüler dies erkennen und akzeptieren, darf der Lehrer nicht willkürlich vorgehen, sondern muss sich eine adäquate Methodologie zulegen.

Ruhe im Klassensaal herstellen heißt natürlich nicht, völlig verkrampfte Schüler in einem kasernenhofartigen Umfeld zu disziplinieren. Es geht vielmehr darum, eine gewisse Ruhe im Sinne einer entspannten, nicht-hektischen und nicht aggressiven Atmosphäre zu schaffen. Eine wichtige Voraussetzung zur Herstellung einer einigermaßen ruhigen und nicht-hektischen Arbeitsatmosphäre ist das frühe und deutliche Eingreifen seitens des Lehrers. Niemals sollte der Lehrer es so weit kommen lassen, dass er, völlig hilflos, nur noch auf wütendes Geschrei zurückgreift und völlig willkürlich Strafen austeilt, um so einen zum Scheitern verurteilten Versuch zu machen, wieder die Kontrolle zu bekommen. Leider ist es genau das, was oft passiert, wenn der Lehrer zu lange wartet, weil er den Konflikt scheut, keine Lust hat, schon wieder in die Klasse einzutauchen, um für Ruhe zu sorgen, oder ganz einfach eine sehr hohe Toleranzschwelle für Schullärm hat. Ist einmal eine Gruppendynamik entstanden, kann sich, einer Metamorphose ähnlich, eine Klasse völlig verwandeln. Einzelne Schüler können gewollt oder ungewollt das gesamte Klassenklima aus den Angeln heben und so wird eine umgängliche und sympathische Gruppe durch das Wirken einiger Schüler, aber auch durch äußere Einflüsse oder durch falsche Reaktionen des Lehrers, völlig »ungenießbar«: für sich und für den Lehrer!

Konfliktlösung

Wenn die Ruhe in der Klasse gefährdet ist, muss der Lehrer blitzschnell entscheiden. Er muss die Schüler ausmachen, von denen die Unruhe ausgeht, dann sollte, soweit das möglich ist, die Ursache der Unruhe gefunden werden und danach muss der Lehrer das richtige Schema abrufen, mit dem er die Situation am besten unter Kontrolle kriegen könnte. Dabei sind praktisch alle Fälle von aufkommender Unruhe individuell verschieden, daher gibt es auch keine »Kochrezepte«, die man abrufen könnte, um in jedem Fall die Lage zu beruhigen. Allerdings kann sich der Lehrer auf einige Parameter berufen, die, zusammen mit einer gewissen Erfahrung, dabei helfen, Lösungsansätze zu finden.

Zuerst sollte der Lehrer sich auf die Schüler konzentrieren, von denen die Unruhe ausgeht. Tatsächlich ist es sehr selten, dass in der Anfangsphase einer Unterrichtsstörung das Problem von der ganzen Klasse ausgeht. Der Lehrer sollte also ganz genau wissen, welchen Schüler oder welche Gruppe von Schülern er anvisieren muss. Wichtig ist, dass er in den nun folgenden Augenblicken auf diese konkrete Zielgruppe eingeht: Falls das Problem der Unterrichtsstörung thematisiert wird, sollte dies sich ganz klar auf die betreffenden Schüler beziehen und keinesfalls allgemein in den Raum gesagt werden. Was der Lehrer den angesprochenen Schülern mitteilt, hängt logischerweise von der Situation ab. An dieser Stelle können wir aber einige Alternativen erläutern: Eine recht gute Möglichkeit ist die Situation durch sanften Humor zu lockern. Der Lehrer muss zeigen, dass er nicht gleich ausrastet, aber dennoch das Problem erkennt und nicht gewillt ist, die Situation entgleiten zu lassen. Er vermittelt seine Position, eingepackt in eine humoristisch, sich aus der Situation heraus ergebende Bemerkung – wobei klar ist, dass wir hier selbstverständlich nicht von verletzendem Sarkasmus reden!

Gerade bei wenig komplexen Ursachen für Unruhe kann der Lehrer diese Ursache durchaus auch ansprechen: Gab es schlechte Noten in einer Klassenarbeit, die vorher zurückgegeben wurde, ist jemand in der vorherigen Stunde bestraft worden, ist ein Schüler im Führerscheintest durchgefallen oder ist sonst etwas Ähnliches passiert, kann der Betreffende ruhig darauf angesprochen werden. Der Lehrer kann aber beispielsweise auch thematisieren, dass er den Eindruck hat, dass der Schüler sich möglicherweise von ihm – dem Lehrer – schlecht behandelt fühlt. Der Lehrer sollte das am besten leger artikulieren, sodass es nicht als Beschimpfung ankommt, sondern als freundlicher Hinweis, aber dennoch bestimmt genug, damit die Mitteilung klar und deutlich ankommt. Und die Mitteilung heißt: »Bis hierhin bist du gegangen, aber hier ist auch die Grenze«.

Die überwiegende Zahl der Konflikte in einer durchschnittlichen Klasse können so gelöst werden, beziehungsweise eskalieren nicht weiter. Denn wie reagieren die Schüler? Die Betroffenen stiften ja größtenteils die Unruhe, um auf sich aufmerksam zu machen, und weil sie sich unwohl fühlen.

Sie sind es gewöhnt, von einigen Lehrern gleich angeschrien und bestraft zu werden und von anderen (teilweise sind es auch dieselben, je nach Tagesform) überhaupt nicht beachtet zu werden, bis die Situation völlig eskaliert. Handelt der Lehrer aber wie oben erwähnt, ist der Schüler durch diese spezifische Situation zuerst einmal erstaunt, weil der Lehrer nicht wie erwartet reagiert hat. Darüber hinaus ist es dem potentiellen Unruhestifter in den meisten Fällen nicht unsympathisch, dass der Lehrer ihn zumindest als Individuum bemerkt und kurz auf ihn eingeht. Das allein ist für viele Schüler eine gute Erfahrung und so tritt der Konflikt oft schnell in den Hintergrund. Schließlich merkt der Schüler aber auch, dass es dem Lehrer ernst gemeint ist, da er die Situation thematisiert. Die Verbindung zwischen Adressatenzugewandtheit und konkretem Inhalt der Ermahnung reicht meistens, um die Situation zu neutralisieren oder den potenziellen Unruhestifter sogar wieder mit in den Unterrichtsablauf einzubinden. Darüber hinaus ist diese Vorgehensweise des Lehrers auch ein wichtiges Signal für die ganze Klasse, denn sie zeigt, dass der Lehrer akkurate Lernbedingungen herstellt, dass er aber gleichzeitig auf die Schüler eingehen kann und nicht im traditionellen Teufelskreis der vermeintlichen Disziplinherstellung durch Eskalation versumpft.

Eine unorthodoxe Methode

Eine andere, etwas ausgefallenere Form der Reaktion auf die aufkommende Unruhestörung Einzelner, vor allem dann, wenn sie nach mehrmaliger Ermahnung nicht aufhört, besteht darin, den betreffenden Schüler direkt anzusprechen und ihn in korrektem und nüchternem Ton dazu aufzufordern, den Unterricht selbst in die Hand zu nehmen! Dies geht natürlich nur in Einzelfällen, beispielsweise dann, wenn ein Schüler, den Unterricht des Lehrers permanent im Flüsterton gegenüber seinem Nachbarn kommentiert. Allein schon das Angebot an den Schüler wird etwas verändern. Denn durch die Möglichkeit des Perspektivenwechsels wird ihm auch gleich die schwierige Unterrichtssituation deutlich und er wird ziemlich sicher zurückstecken. Will er das Angebot wahrnehmen, muss ihm das für einige Augenblicke ermöglicht werden, spätestens dann ist der Perspektivenwechsel vollzogen.

Die subjektive Unterrichtsstörung

Der Lehrer muss sich bei Unruhestörungen regelmäßig die Frage stellen, ob es sich tatsächlich um eine Störung durch den Schüler handelt oder ob, im Einzelfall, nicht er selbst, abhängig von seiner Tagesform, viel sensibler reagiert, beziehungsweise ob die vermeintliche Störung des Unterrichtes nicht auf einen aktiven Schüler zurückgeht, der möglicherweise dennoch einen Beitrag zum Unterricht leistet. In diesem Zusammenhang sind etwa die Schüler gemeint, die – auf eine argumentative Art – den Lehrer herausfordern, indem sie beispielsweise eine gerade vom Lehrer aufgestellte These in Frage stellen oder insgesamt etwas rebellischer sind. Diese Schüler sollten als einmalige Chance begriffen werden, da sie zu denen gehören, die dem Lehrer zuhören, auch wenn sie dies kritisch tun; gerade dieses Verhalten soll ja von der Schule gefördert werden! Der Lehrer sollte sich hier nicht persönlich angegriffen fühlen oder den betreffenden Schüler als Unruhestifter ansehen, sondern er sollte ihn einbinden, um so den Unterricht interaktiver zu gestalten.

Schwerwiegende Situationen – Mobbing

Neben den eben erwähnten, bei rechtzeitigem Eingreifen in ihrer Ursache und Wirkung letztlich doch harmlosen oder gar konstruktiven Formen der Unruhe im Klassesaal, gibt es natürlich Fälle, die anders angegangen werden müssen. Dazu gehört zum Beispiel Mobbing unter Schülern. Natürlich hat nicht alles, was Mobbing genannt wird, auch gleich pathogenen Charakter, aber es ist klar, dass, wenn ein Schüler – aus welchen Ursachen auch immer – zum systematischen Sündenbock der Klasse wird, der Lehrer einschreiten muss. Keinesfalls sollte der Lehrer der Meinung sein, der Schüler sei selbst schuld an seiner Position in der Klasse. Vielleicht hat der Lehrer nicht viel Sympathie für den Schüler oder dieser ist in seinen Augen ein Sonderling, der den Lehrer möglicherweise auch schon genervt, gestört oder geärgert hat. Dies ist aber eine sehr subjektive Einschätzung gegenüber dem Schüler, der eben weil er gemobbt wird, mit einer Etikette versehen ist, die auch den Lehrer täuschen kann. Die permanente Hetze gegen einen Schüler ist mit physischer Gewalt gleichzusetzen. Ein Lehrer würde in seiner Klasse die physische Gewalt nicht dulden. Und daher sollte klar sein, dass das Opfer einer Mobbing-Kampagne ein Mensch ist und kein »Fall«!

Aber nun zu den Lösungsmöglichkeiten. Zuerst ist es wichtig, dass das Opfer weiß, dass jemand ihm helfen will. Oft werden Mobbing-Opfer selbst zu Unruhestiftern und wollen, teilweise durch ungebührliches Verhalten Aufmerksamkeit erlangen. Daher ist es natürlich schwer, den wahren Hintergrund zu determinieren. Ist der Mobbing-Kontext erst in der Anfangsphase, möglicherweise noch gar nicht im pathogenen Stadium fixiert, erscheint ein Gespräch des Lehrers mit Opfer und Täter separat und dann mit den beiden Protagonisten gemeinsam als eine Möglichkeit. Das Bewusstmachen für Täter und für Opfer, was Mobbing ist und was man einem Menschen damit antut, kann zum Teil oder sogar ganz die Sichtweise des Täters verändern. Um ein solches Gespräch zu führen, bedarf es aber sehr viel Fingerspitzengefühl und Empathie seitens des Gesprächsleiters und es ist klar, dass der Lehrer als Gesprächsleiter keinesfalls aktiv in den Fall involviert sein darf. Daher ist es auch unumgänglich für den Lehrer bei einem schon weit entwickelten Mobbing-Fall externe Hilfe durch einen Schulpsychologen oder sogar durch außerschulisches, speziell für solche Fälle ausgebildetes Personal einzuholen. In weniger schweren oder aber völlig verfahrenen Situationen ist auch die Hilfe von Mitschülern nicht zu unterschätzen, die nicht in das Mobbinggeschehen innerhalb der Klasse involviert sind und konstruktiv vermitteln wollen.

Das Gefühl des totalen Versagens

Schüler, die mit ihrer schulischen Situation seit Längerem völlig unzufrieden sind und durch schlechte Noten immer weiter frustriert werden; Schüler, die in der Schule überhaupt keine Perspektive mehr sehen und nur noch wegen der Schulpflicht oder weil sie keine andere Alternative haben, zur Schule gehen – solche Schüler können ihre allgemeine Unzufriedenheit latent durch massive und teilweise vehemente Unterrichtsstörungen äußern. Dieser Situation ist in der Regel mit den oben genannten Mitteln nicht beizukommen, da das Schülerinteresse hier eben nicht mehr darin besteht, letztlich doch die Schule zu absolvieren. Möglicherweise existiert bei diesen Schülern sogar der Wunsch alles, was mit Schule zu tun hat, abzuweisen. Aus der Sicht dieser Schüler gibt es nicht viele Alternativen: Sie kennen Schule nur als etwas Negatives, was für sie gleichbedeutend mit Frustration, Versagen und Nutzlosigkeit ist. An dieser Stelle muss die Problemlösung ansetzen, aber einfach ist es nicht, denn in dieser Situation reicht es nicht nur zu sagen: »*Das geht schon, du kannst das.*« Für den Schüler, der das womöglich schon oft gehört hat, ist es nicht mehr als eine Floskel, denn die nächste Note wird ja auch nicht besser. Trotzdem muss und kann man auch diese Schüler motivieren – der Prozess ist aber langwierig und einzelne spektakuläre Erfolge haben nicht zwangsläufig eine nachhaltige Wirkung. Natürlich kann und sollte man mit diesen Schülern ein Vieraugengespräch führen, ihnen ihre Situation, aber auch die Auswege klar machen, aber man sollte sich in einer ersten Phase nicht zu viel davon versprechen, da solche Gespräche für diese Schüler manchmal schon Routine sind, sie bleiben meist nur im theoretischen Ansatz stecken, denn die Frustration gegenüber der Schule und die Misserfolge können ja nicht wie mit einem Schalter abgestellt werden. Wichtig ist, dass sich der Klassenlehrer einen Überblick über die Leistungen dieser Schüler macht. Gibt es vielleicht irgendein Fach oder eine Aktivität in der Schule, die dem Schüler Spaß machen? Wenn ja, könnte das ein Ansatz sein, diese Aktivität könnte gefördert werden oder sie könnte im Sinne der Interdisziplinarität in andere Fächer individuell eingebaut werden.

Darüber hinaus muss nachgeprüft werden, ob die Frustration nicht ebenfalls außerschulische Ursachen haben könnte oder ob möglicherweise eine Überforderung des Schülers vorliegt. In diesen Situationen wirkt der Wechsel in einen anderen Schultyp oder zu einer anderen Berufsausbildung oft Wunder. Auf jeden Fall sollte der Schüler angeregt werden, außerschulische Aktivitäten, beispielsweise im Sport zu machen, auch ein Jugendhaus wäre ein guter Anlaufpunkt: Hauptsache, dieser Schüler findet etwas, was ihn motiviert, eine sinnvolle Aktivität, die ihm auch außerhalb der Schule wieder zeigt, dass er Spaß an etwas Sinnvollem haben kann, dass er etwas leisten kann. In diesem Sinne organisieren manche Schulen Abenteuercamps, die gerade den hier besprochenen Schülern zugute kommen. Auf diesen positiven Erfahrungen kann man dann im schulischen Raum aufbauen. Dies geht aber nur progressiv und setzt voraus, dass die gesamte Lehrerschaft des Schülers zusammenarbeitet, sich regelmäßig informiert und sich über die nächste Etappe unterhält. So kann der Schüler im optimalen Fall erfahren, dass auch ihm etwas gelingt, dass auch er Erfolg hat, er kann dann wahrscheinlich besser damit leben, dass es in anderen Fächern eben nicht klappt, denn er weiß, dass diese Misserfolge selektiv sind und kein Scheitern seiner Persönlichkeit darstellen. Diese Erfahrung führt bei Schülern oft dazu, dass sie sich schulisch neu orientieren können, zu Ausbildungen hin, die ihnen mehr liegen. Oder sie sind generell wieder motiviert, weil sie sehen, dass sie irgendetwas – oder vielleicht viel mehr als sie und andere dachten – können! Selbst bei scheinbar aussichtslosen »Fällen«, die den Lehrern durch Disziplinlosigkeit und Unruhestiftung auffallen, ist ein Ansatz möglich, er verlangt aber viel Geduld von der Schule und damit von den Lehrern. Selbstverständlich sind solche Probleme eher in kleinen Klassenverbänden zu lösen als in großen Einheiten und schließlich ist es unabkömmlich, dass die Schule über einen personell gut ausgestatteten sozial-erzieherischen Dienst verfügt.

Unterrichtsstörungen und externe Faktoren

Letztlich gibt es aber auch Unterrichtsstörungen, die ausschließlich auf externe Faktoren zurückzuführen sind. Hier kann die Schule allein sehr wenig bewirken, nichtsdestotrotz darf sie das Problem nicht ignorieren, denn hinter dem Problem stecken Menschen, und der Unterrichtsablauf in der ganzen Klasse kann gefährdet sein. Die Analyse der externen Faktoren und der therapeutische Ansatz gehen über den Aufgaben- und Kompetenzbereich des Lehrers hinaus. Die Mission des Lehrers besteht in diesem Fall darin, Verbindung mit Fachleuten aufzunehmen und einen ersten Kontakt zu dem betroffenen Schüler herzustellen. Zentral ist, dass der Lehrer in solchen schweren Fällen aktiv wird und ein erstes Gespräch mit dem Schüler führt, um mit ihm zusammen weitere Schritte zu besprechen und ihn dann an Fachkräfte weiter zu vermitteln. Zwei Dinge muss der Lehrer in diesen Situationen vermeiden: Einerseits darf er den Schüler nicht übergehen, ohne dessen Wissen den Schulpsychologen kontaktieren und ihn dann dorthin schicken, ohne mit dem Schüler geredet zu haben, ihn also sozusagen als Unruhestifter zum Psychologen abschieben.

Andererseits darf, in Fällen eines sehr problematischen psychologischen Hintergrundes, der Lehrer aber auch niemals Therapeut spielen, dazu ist er nicht ausgebildet, genauso wenig wie die Psychologen zum Unterrichten.

Nun ist es natürlich in der Regel so, dass auch die Schüler, die im Unterricht durch extreme Divergenzen in ihrem Sozialverhalten gegenüber der durchschnittlichen Schulpopulation auffallen weiterhin in der Klasse bleiben, selbst wenn Hilfe durch Fachleute geleistet wird. Hier gilt es dann, so gut wie nur möglich, unter ständiger Konsultation der psychologischen Fachkräfte und des ganzen Lehrerteams, diese Schüler einzubinden. Auf keinen Fall sollten sie unbewusst stigmatisiert und praktisch als eine Art Patienten angesehen werden. Selbstverständlich sollte der Lehrer aber das Problem im Hinterkopf haben.

Letztlich gibt es sicher auch Fälle, wo Schüler durch externe Ursachen dermaßen extrem den Unterrichtablauf stören (durch Aggressionen jeglicher Art, durch Lärm etc.), dass sie trotz fachlicher Hilfe für eine begrenzte Zeit nicht im Klassenverband bleiben können, sondern, auch im Interesse der anderen Schüler, vorübergehend in andere Klassenstrukturen eingeteilt werden müssen. Dies sind aber extrem seltene Fälle und die Entscheidung wird natürlich nur im Lehrerkollegium, zusammen mit der Schulleitung und dem psychologischen Dienst getroffen. Leider muss immer wieder festgestellt werden, dass einzelne Lehrer bei harmlosen Unterrichtsstörungen Schüler aus der Klasse entfernen lassen wollen oder sie sogar eigenmächtig vor die Tür setzen. Sie tun dies überwiegend, um sich nicht mit diesen Schülern auseinandersetzen zu müssen, statt sich um sie zu bemühen und das Unruheproblem zu lösen. Die Methode, den Durchschnittsschüler ohne pathogenen Hintergrund, aus der Klasse zu entfernen, ist katastrophal und kann sogar richtige Aggressionen beim betroffenen Schüler, aber vor allen Dingen auch im Klassenverband auslösen, sodass der Lehrer in kurzer Zeit völlig die Kontrolle verliert und genau das Gegenteil von dem erreicht hat, was er eigentlich wollte.

Von der Innensicht und der Außensicht …

Ein konstruktiver Unterricht sollte als Prämisse haben, dass der Schüler diesen Unterricht als motivierend empfindet. Dies ist die Grundvoraussetzung dafür, dass der Schüler lernt – und zwar in allen Hinsichten! Aber wie wird ein Unterricht motivierend? Dazu gibt es zahlreiche, ja unzählige Anleitungen, didaktisches Material und Methoden. Viele dieser Methoden, die tausende Seiten füllen, sind sehr sinnvoll und nützlich, jedoch haben alle als Grundvoraussetzung, dass sowohl Lehrer wie auch Schüler damit einverstanden sind. Ein Schüler, der sowieso Frust vor einem Fach oder vor der ganzen Schule empfindet, wird schwerlich für neue Materialien motivierbar sein. Oft wird die Schule abgelehnt und gehasst, weil der Schüler das Gefühl hat, in dieser Schule nicht bestehen zu können, ihr nicht gewachsen zu sein, ja dort sogar wertlos zu sein. Häufig sind diese Gefühle auslösende Momente für Aggressionen oder Apathie im Unterricht. Wir haben schon festgestellt: Schüler, die nur schlechte Noten haben und keinen Silberstreif am Horizont sehen, übertragen diese schlechten Bewertungen immer häufiger auch auf ihr eigenes Individuum. Dazu bedarf es dann nicht einmal der Bestärkung durch einen unverantwortlichen Lehrer, der an den Rand der Klassenarbeit »Niete!« schreibt.

Leider ist das schulische Versetzungssystem so aufgebaut, dass derjenige, der in einigen Schlüsseldisziplinen Probleme hat, häufig auf der ganzen schulischen Linie scheitert. Vor allem das Schriftliche spielt eine große Rolle, darüber hinaus ist aber auch die zum Teil sture Programmatik einiger Fächer ein Problem. Jedem Lehrer muss klar sein, dass Schüler durch dauernde frustrierende Erfahrungen so genannte »negative Selbstkonzepte« entwickeln, also eine völlig negative Sicht auf sich selbst bekommen. Diese Sicht ist dann nur plakativ und etikettenhaft, sie wird aber meistens durch äußeres Einwirken noch verstärkt. Mit der Zeit machen diese Schüler aber keinen Unterschied mehr zwischen Etikett und eigener Individualität, und ihre eigene Innensicht reduziert sich immer mehr auf das Negative. Der Schüler definiert sich selbst als gescheitert und glaubt nicht mehr an einen eigenen Erfolg und zwar in keinerlei Hinsicht. Herausforderungen gibt es für diese Schüler keine mehr, da sie sich selbst implizit oder explizit als unfähig einstufen. Die Konsequenzen im schulischen und psychischen Bereich dürften klar sein!

Übrigens ist es für Schüler mit positivem Selbstkonzept ungleich einfacher, durch den schulischen Alltag zu kommen, und selbst mit gelegentlichen schulischen Problemen, wie etwa einer völlig schiefgegangenen Klassenarbeit, kommen sie viel besser klar, da das für sie ein kurzfristiges und lösbares Problem ist und sich keinesfalls auf ihre Selbstdefinition bezieht.

Schüler, die sich zu Beginn des Schuljahres anhören müssen »*Bei dir wird es sowieso nicht klappen!*« oder die sich das selbst suggerieren, werden mit Sicherheit dieses Resultat zum Schluss des Schuljahres erreichen und zwar als »selffullfilling prophecy« – einleuchtend und simpel! Genauso, wenn auch zum Teil etwas subtiler, läuft es häufig bei der Eigen- und Fremdeinschätzung unserer Schüler, denn die Schule bietet leider in diesen Situationen häufig kein Korrektiv, sondern spielt eher die Rolle eines Verstärkers.

Der Unterricht muss also mittelfristig dem Schüler ein positives Selbstkonzept ermöglichen. Dies heißt nicht, dass artifiziell jeder Schüler gute Noten bekommen soll. Das braucht es nicht, denn Schüler mit positivem Selbstkonzept können auch mit periodisch schlechten Noten umgehen! Wichtig ist, dass den Schülern vermittelt wird, dass sie in etlichen Bereichen etwas können, wenn sie die Möglichkeit dazu bekommen. Eine schlechte Bewertung einer Antwort oder einer ganzen Arbeit soll vom Schüler als Möglichkeit sich zu verbessern verstanden werden, er wird dadurch auf Defizite aufmerksam, an denen er weiter arbeiten soll. Dies ist aber nur möglich, wenn der Schüler die Ermahnung vom Lehrer akzeptiert. Wird ein Lehrer als gerecht und korrekt, als menschlich empfunden, weil er beispielsweise sowohl Positives als auch Negatives in einer Schülerarbeit erwähnt, wird die Kritik dieses Lehrers in der Regel angenommen. Lehrer, bei denen nur der Rotstift im Mittelpunkt steht, nur das Falsche und nicht das (wenn auch manchmal wenige) Richtige gesehen wird, Lehrer, die nicht argumentieren, Noten und Fehler der Schüler nicht begründen und auch keine Auswege aufzeichnen, haben mit Sicherheit keinen Zugang zum Schüler.

Aus diesen Überlegungen geht hervor, dass Unterricht konstruktiv und positiv aufgebaut werden muss, um Zugang zum Schüler zu bekommen und über diesen Umweg ein positives Selbstkonzept zu erreichen. Und noch einmal: Der Lehrer muss es fertigbringen, die Bewertung des Individuums Schüler von der Notengebung im Unterricht zu dissoziieren.

Ein konkreter Ansatz: die Partizipation

Im Rahmen obiger Darstellung ist es wichtig den Unterricht so auszulegen, dass Schüler möglichst oft selbst tätig werden und in allen Bereichen selbst konstruktiv arbeiten können. Interessant sind vor allem gut strukturierte Gruppenarbeiten, die allerdings sehr detailliert vom Lehrer vorbereitet werden müssen. Gerade hier muss jeder Schüler aktiv sein, zuerst im kleinen Bereich der Gruppe, wo er natürlich auch Hilfe von den Gruppenmitgliedern bekommen kann. Wichtig ist, dass er einen kleinen Teil Verantwortung in der Gruppe übernimmt und sich so auf seine Arbeit unter anderen Voraussetzungen konzentrieren kann als im passiv-rezeptiven Unterricht.

Ein Unterricht, bei dem sich der Lehrer zurückhält, der zwar von ihm eingeleitet wurde, aber nur im Rahmen von Zwischenbemerkungen begleitet wird, hat viele Vorteile: Die Schüler selbst bereiten in der Schule oder auch außerhalb kleine Bereiche des Unterrichts vor und werden selbst aktiv, das heißt, dass sie allein dadurch schon Erfolgserlebnisse sammeln, die ihr Selbstbewusstsein und damit ihr Selbstwertgefühl aufbauen. Darüber hinaus ist völlig klar, dass eine aktive Teilhabe am Unterricht Wissen viel wesentlicher und stärker im Gedächtnis speichert als passive Rezeption. In der Klasse oder in der kleinen Gruppe aktiv zu sein, bringt dem Schüler ungleich mehr, als passiv einem noch so guten Unterricht zu folgen.

Im traditionellen Unterrichtsablauf wird der Schüler nahezu ausschließlich im Rahmen von Klassenarbeiten oder Tests bewertet. Diese finden institutionalisiert in einem normierten Rahmen schriftlich und meistens nach vorheriger Ankündigung statt. Diese Art der Notengebung induziert meistens Angst. Natürlich implizieren auch mündliche Rückfragen des Lehrers an die Schüler eine gewisse Bewertung des Schülers durch den Lehrer, aber auch dieses »Frage-Antwort-Spiel« geht von einem eher passiven Rezipieren des Schülers aus, der nur auf die Rückfrage hin verbal aktiv wird, aber dies immer noch in einer, für den Schüler, kognitiv eigentlich passiven Situation. Im Rahmen der Gruppenarbeit oder des durch die Schüler aktiv gestalteten Unterrichts ist der einzelne Schüler permanent aktiv, er stellt sich aber ständig der Bewertung durch Mitschüler und Lehrer. Dies ist nicht die institutionalisierte Bewertung im Rahmen einer Klassenarbeit, nichtsdestotrotz setzt sich ein Schüler in der Gruppenarbeit der Beobachtung und somit der Einschätzung durch andere aus und er bekommt regelmäßig Rückmeldungen. Dies können natürlich auch Kritiken sein, die sind aber in der Regel konstruktiv formuliert, da sie ja von der Gruppe kommen, mit der Absicht die Gruppe weiterzubringen. Gerade bei regelmäßiger Gruppenarbeit, wo jeder aktiv ist, wird auch das Erfolgserlebnis nicht ausbleiben. Dieses Erfolgserlebnis liegt im selbst geschaffenen Beitrag innerhalb der Gruppe. Selbst etwas gesagt zu haben, selbst etwas vorbereitet oder ausgearbeitet zu haben und selbst dazu beigetragen zu haben, dass die Gruppe und ihre Arbeit funktionieren – das sind Erlebnisse und unzählige »Feedbacks«, die dem Schüler helfen, Selbstwertgefühl aufzubauen. Selbst wenn der Schüler fachlich möglicherweise weiterhin immer noch Probleme hat, so wird er sich doch schrittweise durch ein positives Selbstkonzept dem Lernen und der Schule öffnen.

Läuft der Unterricht einmal auf dieser partizipativen Schiene, wird vieles einfacher. Auch traditionellen Frontalunterricht kann es natürlich noch geben, er eignet sich möglicherweise für manche Einleitung oder Synthese, das ist unproblematisch, sofern dieser Unterricht permanent mit der aktiven Eigenbeteiligung des Schülers durchsetzt ist. Dann ist es auch kein Problem, wenn ein Schüler sich, nach dem Eigenbeitrag, einer Kritik durch die Klasse unterzieht. Sofern jeder sich dieser Prozedur aussetzt und sie Gewohnheit ist, wird sie akzeptiert und verläuft durchaus konstruktiv. Dabei sollte der Lehrer allerdings so vorgehen, dass der Schüler oder die Gruppe bei einer Manöverkritik zuerst sich selbst einschätzen und es dann zu einer Diskussion im Plenum kommt. Die Eigenanalysen und die Analyse durch die gesamte Klasse sind oft dermaßen genau und akkurat, dass der Lehrer praktisch nichts zu ergänzen braucht. Natürlich sollten solche Manöverkritiken nicht in einer zu institutionalisierten Form die Unterrichtsstunden zupflastern, aber sie sind an einigen Stellen sehr wichtig zur Eigenanalyse, damit klar wird, wo die Klasse steht und wie viele Schritte sie bereits gemacht hat.

Wege aus der Langeweile

Gerade die eben geschilderte Beteiligung am Unterricht durch eigene Beiträge oder Gruppenzuarbeit ist ein ideales Mittel gegen die immer wieder beschworene Langeweile in der Schule. Falls der Unterricht so aufgebaut ist, dass er aus Eigenbeteiligung des Schülers im Sinne einer aktiven Teilnahme besteht, hat der Schüler gar keine Zeit sich zu langweilen! Neben der oben bereits erwähnten partizipativen Struktur dieses Unterrichts verlangt aber ein solcher Ansatz auch die Möglichkeit, die Dauer des Unterrichtes flexibel zu gestalten, das heißt, dass durchaus nach Bedarf auch zwei oder mehrere Zeitstunden in Abfolge genutzt werden sollen. Genauso gut muss der Lehrer selbstverständlich das nötige Fingerspitzengefühl aufbringen, eine allzu langatmige Unterrichtseinheit zu verkürzen.

Neben dem Zeitfaktor ist aber auch die Präzision sehr wichtig, und diese Mission liegt beim Lehrer: Die Aufgabenstellung an die Schüler, die Einleitung also, muss sehr präzise, klar und deutlich sein. Danach zieht der Lehrer sich aus seiner gewohnt aktiven Rolle als »Alleinunterhalter« zurück, was aber nicht bedeutet, dass er sich aus der Klasse zurückzieht. Er lässt sich langsam in den Hintergrund gleiten und wird eine diskret beobachtende Funktion ausüben. Dies ermöglicht ihm, den weiteren Verlauf der Arbeiten besser an die Schüler anzupassen, mögliche Schwierigkeiten zu antizipieren und gegebenenfalls Unklarheiten zu präzisieren. Aber aufgepasst! Absolut kontraproduktiv wäre es, wenn der Lehrer die eben als »beobachtend« bezeichnete Funktion dazu gebrauchen würde, den Schülern über die Schulter zu schauen und beispielsweise gleich bei dem kleinsten Interpunktionsfehler eingreifen würde. Der Lehrer beobachtet und er lässt die Schüler selbst arbeiten, selbst aktiv werden und sich selbst eine Arbeitsstruktur erschaffen. Dazu gehört eben auch, dass die Schüler in einer ersten Phase auch mit eigenen Fehlern arbeiten müssen. Selbstverständlich wird im Laufe der Arbeit der Moment kommen, wo Fehler erkannt und verbessert werden, aber dies wird größtenteils in einer vom Lehrer geschickt eingefädelten Arbeitssituation durch die Schüler selbst geschehen.

Letztlich spielt die Präsenz des Lehrers im Klassensaal bei der Eigenarbeit durch die Schüler noch eine wichtige Rolle. Er bietet den Schülern die Möglichkeit, auf Abruf seine Hilfe anzufragen. Diese Hilfe wird in der Praxis, wenn die Schüler sich an die Eigenarbeit gewohnt haben, viel weniger als gedacht eingeholt, denn zur Eigenarbeit der Schüler gehört implizit auch immer die Herausforderung, etwas selbst erreichen zu wollen. Funktioniert dieses System der Eigenbeteiligung, ist es, übrigens unabhängig von der Klassengröße, ebenfalls in größeren Gruppen durchführbar, auch wenn dabei überfüllte Räumlichkeiten selbstverständlich alles andere als förderlich sind. Schließlich sei noch erwähnt, dass die Eigenpartizipation am Unterricht vom Stoff her ganz frei gestaltet werden kann, genauso gut kann sie aber im Rahmen eines klar vorgegebenen Lehrplans realisiert werden.

Aber aufgepasst: Die Überlegungen, die eben gemacht worden sind, stellen natürlich nur eine Basis dar. Diese Basis ist essentiell, damit die Rahmenbedingungen überhaupt stimmen, dann muss aber die jeweilige didaktische Methode entwickelt werden, das Material muss geschaffen werden und natürlich muss auch das korrekte Fachwissen durch den Lehrer abgerufen werden können.

Über den positiven und konstruktiven Umgang mit dem Lehrplan

An anderer Stelle sind wir bereits auf negative Aspekte einiger schlecht gemachter Lehrpläne eingegangen. Nun ist es aber keineswegs so, dass Lehrpläne oder Programme an sich schlecht sind. Gut gemachte Lehrpläne sind Leitlinien, also Strukturen, an denen sich Lehrer und Schüler orientieren sollen. Gut gemacht sind sie dann, wenn sie klar das Ziel des Unterrichts vorgeben, also detailliert genug sind. Andererseits müssen diese Lehrpläne aber Lehrern und Schülern reichlich Spielraum lassen, das vorgegebene Ziel flexibel und in Eigenregie erreichen zu können. Der Unterricht darf durch einen Lehrplan niemals zu einer normierten Veranstaltung werden, denn daran gehen alle guten schulischen Ansätze kaputt. Der Lehrplan ermöglicht es dem Lehrer jedoch, einen ersten strukturellen Ansatz zu bekommen, den er dann, zusammen mit den Schülern, ausbauen muss. Das heißt aber auch, dass der Lehrer den zeitlichen Rahmen organisieren, dass er also wissen muss, wie er sich am besten innerhalb der ihm zur Verfügung stehenden Stundenzahl organisiert, ohne am Schluss des Schuljahres in Hektik zu verfallen und zum Frontalunterricht wechseln zu müssen, nur um das Gefühl zu bekommen, doch den ganzen Stoff »durchgearbeitet« zu haben. Den Schülern wird dies nichts bringen, daher hilft nur, zu Beginn eine akkurate Organisation des Unterrichtes zu leisten.

Die Schulgemeinschaft und ihr Potential

Zusammenarbeit unter Lehrern

An mehreren Stellen dieses Buches sind wir bereits auf die Notwendigkeit der Zusammenarbeit innerhalb des Lehrerkollegiums und zwischen den Lehrern einer Klasse eingegangen. Wir werden nicht alle Argumente noch einmal wiederholen, aber einige zentrale Elemente sind noch darzustellen. Wir haben bereits festgestellt, dass ein erfolgreicher Unterricht nur dann gewährleistet werden kann, wenn ein Lehrer – im Rahmen seiner Möglichkeiten – ein ziemlich genaues Bild der Schüler hat. Dies geht natürlich nur, wenn die Beobachtungen mehrerer Lehrer mit einfließen. Ein und derselbe Schüler agiert, je nach Fach und Sympathie, ganz unterschiedlich. Um daraus seine Schlussfolgerungen ziehen zu können, müssen natürlich die Beobachtungen der anderen Kollegen mit einfließen. Noch wichtiger wird das, wenn sich ernsthafte Probleme um einen Schüler herum entwickeln. Darüber hinaus kann gruppenspezifisches Arbeiten der Schüler und auch die Eigenbeteiligung der Schüler am Unterricht durch interdisziplinäres Zusammenarbeiten der Lehrer gefördert werden. Schließlich sind die bereits besprochenen Methoden zur Steigerung des Selbstwertgefühls nur umsetzbar, wenn alle Lehrer in eine Richtung zusammenarbeiten.

Es ist demnach klar, dass sich die Lehrer einer Klasse gegenseitig informieren sollten, um den Ablauf des jeweiligen Unterrichtes besser zu koordinieren und die Situation der Schüler zu überblicken. Diese Kommunikation kann im Regelfall auch über den elektronischen Weg erledigt werden, falls Themen und Probleme aber zu komplex sind, sollten gezielte Besprechungen einberufen werden. Allerdings dürfen Besprechungen keinesfalls zu einem Selbstzweck werden. Solche »Meetings« können durchaus nur eine halbe Stunde dauern. Die Besprechungen zu stark zu institutionalisieren würde heißen, sie unflexibel und rigide zu machen. Das hätte zur Folge, dass sie abschreckend auf die Lehrer wirken und nur noch zur bürokratischen Gewohnheit werden, die schnellstmöglich abgehakt wird.

Bei einer Besprechung muss unter dem Strich aber immer ein Resultat stehen, denn leider scheitern wohlgemeinte Besprechungen oft daran, dass sie zu floskelhaften Debatten werden, die zu institutionalisiert ablaufen. Sie liefern dann selten Resultate, sind nicht mehr als »lästige« Pflichtübungen und verleihen allenfalls der Lehrerschaft das »gute« Gefühl einer Zusammenarbeit, die aber sehr oft keine ist. Über diese offiziellen Besprechungen hinaus können einzelne Lehrer, die gut harmonieren, sich zusammentun, um spezifische Projekte zu gestalten und Schwierigkeiten zu lösen. Schließlich ist ein positiver Aspekt der Zusammenarbeit zwischen Lehrern auch der, dass der einzelne Lehrer nicht alleingelassen wird, sondern lernt, dass die Kommunikation mit anderen Kollegen viele Probleme zu lösen vermag. Dadurch profitiert einer von den Ideen des anderen; darüber hinaus kann im gegenseitigen Gespräch auch Frustration abgebaut werden. Solche Zusammenarbeit darf zwar nicht allzu sehr institutionalisiert werden, allerdings müssen die Lehrer verstehen, dass sie wesentlich ist! Der Einzelkämpfertyp, der nicht über Schwierigkeiten in der eigenen Klasse reden will, da er Angst hat, von den Kollegen als schwach und somit als schlechter Lehrer angesehen zu werden, ist passé! Der Lehrer, der meint, mit anderen zu reden, sei ein Zeichen von Schwäche, ist leider selbst sehr schwach!

Die Schulpopulation als Schnitt der Gesellschaft

Ein wichtiger Schritt weg von Missverständnissen und daraus resultierenden Frustrationen ist das Sich-bewusst-machen, dass die Schulpopulation den Schnitt der Gesellschaft darstellt. Dies bezieht sich sowohl auf soziale Aspekte, wie auch auf psychologische Momente. An anderer Stelle haben wir schon darauf aufmerksam gemacht, dass die unterschiedlichen sozialen Ursprünge der Lehrer, Schüler und Eltern zu Konflikten und gegenseitigem Fehlverständnis führen können. Nur eine gewisse Sensibilität aller Schulakteure kann hier helfen.

Auch bringen Lehrer und Schüler unterschiedliche physische Fähigkeiten mit sich, die ebenfalls berücksichtigt werden müssen, da sie zum Teil einen sehr unmittelbaren Einfluss auf Benehmen und Psyche haben. Unter anderem im Sportunterricht muss der Lehrer unbedingt auf die unterschiedliche Konstitution, die ja häufig genetisch bedingt ist, Rücksicht nehmen und alle physischen Fähigkeiten fördern – nicht nur einseitig die einer bestimmten Gruppe oder Sportart. Ähnlich verhält es sich mit den psychischen und kognitiven Grundvoraussetzungen der Schüler. Auch hier gibt es Schwächen und Stärken bei ein und demselben Schüler, und auch hier gilt es für den einzelnen Lehrer, möglichst ganzheitlich auf den Schüler einzugehen. Das heißt natürlich nicht, dass Schwächen ignoriert werden und jeder nur Spitzennoten bekommt!

Grundsätzlich soll darauf aufgebaut werden, dass ein Schüler intellektuell und kognitiv dazu fähig ist, zu lernen und somit Leistungen zu erbringen, wohlwissend, dass jeder Schüler, zum Teil durch Sozialisation, zum Teil möglicherweise genetisch bedingt, unterschiedliche Schwächen und Stärken hat. Geht der Lehrer in seinem Fach nur auf Aspekte ein, die die Schwächen einzelner Schüler offenbaren, ist klar, dass die Frustration bei Letzteren groß ist. Die Stärken dieser Schüler, teilweise im selben Fach, liegen dann brach, werden nicht gefördert und verkümmern. Arbeitet ein Lehrer aber mit allen Aspekten, werden auch die Stärken der Schüler zutage treten und diese werden motiviert, auch an ihren Schwächen zu arbeiten. Da dieser Erklärungsansatz doch sehr theoretisch klingt, hier nur ein vereinfachend plakatives Beispiel zur Illustration: In einer Klasse gibt es womöglich Schüler, die im mathematischen Denken sehr bewandert sind und die im Sprachunterricht ebenfalls gut mit komplexen grammatischen Problemen klarkommen, allerdings große Schwierigkeiten mit Aufsätzen und dem Schreiben selbst erfundener Geschichten haben. Auf der anderen Seite gibt es die Schüler, denen Grammatik ein Graul ist, die jedoch wunderbare, fast schon literarische Aufsätze schreiben. Wir haben also zwei Gruppen, jeweils mit Stärken und Schwächen. Nun muss der Lehrer sowohl an den Aspekten »Grammatik«

wie auch »Aufsatz« arbeiten. Die Gefahr liegt darin, dass der Lehrer, je nach eigener Affinität, den einen oder anderen Aspekt überbewertet, Schwächen in dem einen oder anderen Bereich als subjektiv gravierender ansieht und die entsprechenden Schüler demnach als »schlechtere Schüler« etikettiert. Die Chance mögliche Schwächen durch positive Motivation, ausgehend von den Stärken zu verbessern, bleibt damit ungenutzt!

Schließlich wird im Rahmen der Feststellung, dass die Schulpopulation aus Individuen besteht, noch ein weiterer Punkt ersichtlich: In der Schule müssen Lehrer und Schüler miteinander leben und auch, wer sich unsympathisch ist, muss in der schulischen Subkultur miteinander klarkommen. Über Sympathie und Antipathie gibt es – wir haben es schon erwähnt – sehr komplexe Abhandlungen. Abgesehen von konkreten Ursachen, die in persönlichen Konflikten liegen und im Mediationsgespräch gelöst werden können, sind viele Antipathien präsent, ohne dass konkrete Auslöser bewusst sind. Mögliche Ursachen liegen vielleicht in Kindheitserfahrungen, die absolut nichts mit den Figuren zu tun haben, die Jahre später, aufgrund von Erinnerungen an bestimmte Stimmlagen oder Gesichtszüge, die Antipathie auslösen. Fest steht aber: Antipathie, wie auch Sympathie, sind zum Teil subjektive Faktoren im schulischen Sozialleben. Und dessen müssen sich Lehrer und Schüler bewusst sein, sie müssen sich aber auch klar machen, dass es beim sozial verträglichen Zusammenleben grundlegend ist, trotzdem mit den anderen klarzukommen. Außerdem muss deutlich sein, dass Antipathie und Sympathie durchaus auch einem Prozess des steten Wandels unterliegen. Kurzum, diese Faktoren dürfen keinen Einfluss auf die alltägliche schulische Zusammenarbeit haben. Aber leider sind es oft diese diffusen suggestiven und unterbewussten Antipathien, die das Verhältnis zwischen Lehrer und Schüler, Schüler und Lehrer, Schüler und Schüler, aber auch Lehrer und Lehrer sowie zu den Eltern (und umgekehrt) unnötig trüben und erschweren. Allein schon das Bewusstmachen dieses Phänomens kann etliche Probleme bereits zu Beginn vermeiden.

Die Eltern konstruktiv mit einbeziehen

Eine gut funktionierende Schulgemeinschaft lebt nicht nur vom Verhältnis der Lehrerschaft und der Schüler zueinander, sondern gleichwohl auch von der Beziehung zu den Eltern. Sie stellen in der Regel für die Schüler die zentralen Bezugspersonen dar und spielen damit, emotional gesehen, eine wichtigere Rolle als die Lehrer. Natürlich muss die Rolle der Eltern, je nach sozialer Situation der jeweiligen Familie und entsprechend dem psychischen Umfeld, differenziert eingeschätzt werden. Es bleibt aber die Feststellung, dass, außerhalb der Schule, tendenziell die Eltern oder ein Elternteil Bezugspunkt Nummer Eins für die Kinder sind. Das heißt, dass sie aktiv in das Ereignis Schule mit einbezogen werden. Es wäre ein Trugschluss davon auszugehen, die Eltern wären nur passiver Dritter im täglichen Schulbetrieb. Die Eltern sind involviert! Sie können, je nach Verhalten, das eigene Kind absolut motivieren, genau so gut wie sie Ursache mancher Konflikte oder der Entmutigung des Kindes in der Schule sein können. Da die Erziehung eine fundamentale Aufgabe für die Eltern ist, die sich optimalerweise mit der Schule ergänzen soll, müssen sie soweit wie möglich, natürlich unter bestimmten Voraussetzungen, in den Alltag der Schule mit einbezogen werden. Das Optimum ist, dass die Eltern zu Partnern der Schule, der Schüler und der Lehrer werden. Dies ist leider nicht immer automatisch der Fall!

Einerseits können Eltern durch eigene Schulzeiterfahrungen negativ vorbelastet sein und ihre eigenen Vorurteile suggestiv auf ihre Kinder übertragen. Einzelne Eltern können manchmal selbst bei viel gutem Willen seitens der Schule angesichts sich petrifizierender Vorurteile nur schwer zu einer unverkrampften Kooperation bewegt werden. Andererseits gibt es leider in manchen Familien derart schwierige soziale Verhältnisse, dass es den Lehrern schwer fällt, eine Bezugsperson ausfindig zu machen oder einen Kontakt herzustellen. Hier spielen natürlich andere Dimensionen herein, und die Arbeit von Sozialarbeitern und Sozialpädagogen ist gefragt. Letztlich kann aber auch ein Hemmklotz für die gute Zusammenarbeit mit den Eltern der Lehrer selbst sein, wenn er die Eltern grundsätzlich nur ungern mit einbezieht, abweisend wirkt, präventiv in der Defensive ist und generell nicht auf die Eltern zugeht.

Um eins klarzustellen: Es geht hier nicht darum, den Eltern die Gestaltung des pädagogischen und organisatorischen Schulablaufs in die Hände zu legen und die ausgebildeten Lehrer und Pädagogen zu entmündigen. Leider wird die Elternkooperation in gängigen Klischees oft so dargestellt. Dies ist aber in der Praxisarbeit eindeutig nicht der Fall! Kooperation ist nicht willkürlich, und Partizipation heißt nicht, dass der Lehrer seine Arbeit nicht mehr machen darf. Vielmehr ist Partizipation gleich Transparenz, und

Kooperation meint gegenseitige Information und Zusammenarbeit. Die beiden Seiten, Lehrer ebenso wie Eltern, verpflichten sich zum gemeinsamen Agieren, und dies kommt ebenfalls der Lehrerschaft in ihrer Arbeit mit den Schülern zugute.

Doch was ist mit Kooperation gemeint?

Zuerst sollte den Eltern der Schulablauf im Detail bekannt gemacht werden. Dies bedingt mehrere Etappen. Die Eltern sollten zumindest grob über die Perspektiven des möglichen schulischen Werdegangs ihrer Kinder informiert sein. Leider kann regelmäßig festgestellt werden, dass zu Beginn eines Schuljahres die Eltern der Kleinsten, der Schuleinsteiger also, vor allem in der Sekundarschule, zusammengerufen und dort mit einer Fülle an fachspezifischen Informationen regelrecht bombardiert werden. Den Eltern wird dort aufgezeigt, wie die schulische Laufbahn innerhalb der ganz verschiedenen Evolutionsmöglichkeiten der unterschiedlichen Schultypen über die kommenden Jahre hinweg aussieht oder aussehen könnte. Der dazu benutzte sprachliche Kanon ist den Lehrern natürlich bekannt, stellt aber selbst für Eltern mit akademischer Bildung häufig eher ein Kryptogramm dar. Dasselbe gilt für die in Kurzform dargestellten Erklärungen der Benotung und des Ablaufs des Schuljahres. Da diese Vorstellung meistens in Versammlungsräumen vor einem mehr als hundertköpfigen Publikum stattfindet, werden Fragen, falls überhaupt, nur sehr zurückhaltend gestellt.

Allein die Neuorganisation solcher Veranstaltungen kann hier Abhilfe leisten. So ist es wesentlich angenehmer, wenn in kleinem Rahmen der Klassenlehrer, begleitet von einigen wenigen Fachlehrern, die Eltern empfängt und sie Schritt für Schritt, ohne mehrstündigen Vortrag, in den Schulalltag einführt. Angebotene Erfrischungsgetränke, visuell übersichtlich gestaltete Präsentationen in verständlicher Sprache, ohne Überfrachtung durch überflüssige Details, würden die Eltern positiv einstimmen und sie nicht schon vom ersten Schulalltag an erschlagen. Gerade der erste Kontakt ist wichtig und eben in solchen kleinen Veranstaltungen können und wollen Eltern Fragen stellen und entwickeln sich Gespräche mit den Lehrern auf einer ganz anderen Ebene, Vertrauen kann sich eher aufbauen als bei der anonymen Vortragsveranstaltung.

Dasselbe gilt für die Elternabende. Auch hier muss eine angenehme Atmosphäre hergestellt werden. Dem Lehrer muss bewusst sein, dass die Schule seine vertraute Arbeitsstätte ist, dass sie aber für etliche Eltern etwas Fremdes und im Blick auf die eigene Schulzeit leider vielleicht auch etwas Beängstigendes darstellt. Außerdem sollte sich der Lehrer bewusst sein, dass die Information der Eltern das »Nonplusultra« der guten Lehrer-Eltern-Beziehung ist, denn viele mögliche Missverständnisse werden hier bereits frühzeitig aus dem Weg geräumt oder kommen gar nicht erst auf. Wenn die Eltern verstehen und wissen, was der Lehrer macht und was er vorhat, fällt es ihnen einfacher, seine Arbeit von zu Hause aus, durch das Begleiten ihres Kindes, zu unterstützen. Zumindest werden sie den Bemühungen des Lehrers nicht im Wege stehen.

Wiederholen wir noch einmal: Die Eltern mit einzubeziehen heißt nicht, dass sie die Arbeit der Lehrer machen oder etwa die Lerninhalte und Methoden festlegen. Es ist klar, dass die Eltern »per se« keine Bildungsexperten und keine ausgebildeten Fachdidaktiker sind, und selbst die Pädagogen unter den Eltern haben nicht die nötige emotionale Distanz zu ihren Kindern, als dass sie den Lehrer ersetzen oder leiten könnten. Aber: Ohne Eltern geht in der Schule nichts oder nicht viel. Lehrer und Schulen, welche die Eltern nicht einbeziehen, begehen einen kapitalen Fehler, weil sie einen wichtigen Partner außen vor lassen, der in der Motivationsarbeit für die Schüler viel Positives bewirken könnte. Eltern mit einbeziehen, heißt, sie zu informieren über das, was in der Schule, in der Klasse, im Fach passiert. Es heißt aber auch, ihnen zuzuhören! Die Eltern wissen vieles über ihre Kinder, was wichtig ist, was die Lehrer aber ignorieren und umgekehrt. So können Lehrer wie Eltern wertvolle Informationen erhalten, die der Arbeit mit den Kindern zugute kommen. Information heißt auch, den Eltern die Methode des Lehrers verständlich und plausibel zu machen, damit sie davon überzeugt sind und das Kind zu Hause auch guten Gewissens motivieren können. Kennen die Eltern den Lehrer nur über Erzählungen der Kinder, so erfahren sie die Ereignisse im Klassensaal ausschließlich über einen Filter. Möglicherweise erfahren sie jedoch auch überhaupt nichts über ihn oder hören ausschließlich eine klischeehafte Darstellung. Daher kann die direkte Zusammenarbeit mit den Eltern nur von Vorteil sein!

Elternabende sollten also so liegen, dass sie zeitlich für eine Mehrzahl von Eltern zugänglich sind, also beispielsweise nicht nachmittags um 15 Uhr. Ebenfalls sollte ein Lehrer immer dazu bereit sein – im Rahmen seiner zeitlichen Möglichkeiten natürlich – sehr schnell auch individuelle

Termine mit Eltern auszumachen. In vielen Fällen ist es durchaus positiv, wenn die Kinder beim individuellen Elterngespräch mit dabei sind. Der Eindruck des »Verschwörungsgespräches« zwischen Eltern und Lehrer und das dadurch mögliche Misstrauen werden so verhindert. Bei Elterngesprächen sollten die Lehrer immer darauf achten, den Eltern freundlich, entspannt, ohne Vorwürfe und in einer allgemein verständlichen Sprache zu begegnen. Gleichzeitig müssen die Eltern ernst genommen werden und umgekehrt sollte natürlich nicht mit ihnen wie mit Unmündigen umgegangen werden.

Die eben gemachten Ausführungen gelten natürlich ebenfalls für die Eltern im Gespräch mit den Lehrern, denn auch die Eltern müssen wissen, welch wertvoller Verbündeter der Lehrer bei der Erziehung der Kinder sein kann. Es gilt demnach stets zu verhindern, dass diese beiden Bezugspole der Kinder in Konflikt zueinander geraten, da dies sich letztendlich negativ auf die Stabilität der Kinder auswirken kann. Daher sollten sich weder Eltern noch Lehrer auf Vorurteile fixieren und unterbewusst Konflikte provozieren, sondern selbst in schwierigen Situationen den Ausgleich, den Kompromiss und die Verständigung suchen. Fälle von unvermeidlichem Streit sind sehr selten und im Vorfeld fast immer lösbar, wenn jeder sich selbst auf den Prüfstein stellt und auch die Situation des anderen zu verstehen versucht.

Schülerbeteiligung: Demokratie in der Schule?

Sollten die Schüler die Möglichkeit haben über die Gestaltung des Sportfestes mitzureden, sollten sogar inhaltlich-programmatische Entscheidungen von ihnen mit getroffen werden oder müssen die Schüler erst einmal erwachsen sein, bevor sie gefragt werden? Wie die Schülerbeteiligung an Schulen aussehen soll, ist ein höchst umstrittener Aspekt und die Bandbreite von Nicht- bis zu weitreichender Mitbeteiligung ist enorm!

Wie weit sollte man gehen? Eins steht fest: Die Schüler können nicht einfach ignoriert werden, denn schließlich sind sie das wichtigste Element in der Schule, die Schule existiert ihretwegen! Möglicherweise wäre der Vergleich mit einem Krankenhaus am angebrachtesten: Die Patienten werden nicht die Operationstechniken festlegen oder über die neuesten Anschaffungen von medizinischen, therapeutischen und diagnostischen Geräteschaften entscheiden, denn sie sind dazu nicht ausgebildet. Aber die Patienten müssen informiert werden. Sie müssen informiert werden über die Behandlungsmöglichkeiten, Chancen und Risiken, sie müssen ehrlich, sorgsam und freundlich behandelt werden. Sie dürfen nicht von oben herab abgekanzelt werden. Das heißt aber auch, dass die Lebensqualität der Patienten im Mittelpunkt stehen muss, dass ihre Anmerkungen und ihre Kritiken ernst genommen werden und dass, beispielsweise durch Patientenbeiräte, ihre Rechte, aber auch ihre Meinungen, vertreten werden.

Genauso ist es in der Schule! Wenn einerseits anerkannt wird, dass die Lehrer die fachliche und pädagogische Kompetenz besitzen, dann dürfen die Lehrer ihrerseits nie vergessen, dass sie ihren Beruf der Schüler wegen ausüben. Sicher kann der Lehrer nicht seine gesamte Arbeitsweise und seinen Schulstoff jede Unterrichtsstunde mit den Schülern durchdiskutieren und in Frage stellen, Schule wäre so nur noch ein schwerfälliges institutionalisiertes Konstrukt. Allerdings ist es unumgänglich ein regelmäßiges »Feedback« der Schüler darüber zu bekommen, welchen Zugang sie zu Schule und Lehrer haben. Wenn solche mündlichen oder auch schriftlichen Umfragen gut gemacht sind, hat diese Verfahrensweise durchaus Erfolg, es gibt zahlreiche Beispiele in der Praxis, die das zeigen! Die Mehrheit der Schüler sind dankbar, bei ihren Antworten geht es nicht darum, die Lehrer aus nebulösen Gründen schlecht zu machen, sondern die Bemerkungen sind zum größten Teil durchaus brauchbar, auch wenn sie manchmal erst interpretiert werden müssen.

Lehrer, die ein Gefühl für Schule haben, merken, wenn in der Klasse »etwas« nicht stimmt. Gezielt nachzufragen und eine zeitlich begrenzte und effektiv strukturierte Diskussion zu führen, wo jeder zu Wort kommt, kann oft die schwierigsten Probleme lösen und in der Regel vermeiden, dass sie überhaupt entstehen. Natürlich muss in einer solchen Diskussion jeder Partner offen für die Argumente des anderen sein. Respekt vor dem anderen ist dabei die Grundregel. Dass hierbei die Verantwortung des Lehrers als Erziehender nicht zu vernachlässigen ist, leuchtet ein. Respekt bekommt ein Lehrer von den Schülern dann, wenn er auf die Schüler eingeht und sie anhört.

Eins sollte klar sein: Gleichgültig wie weit die Schülerbeteiligung in einer Schule, in einer Klasse oder in einem einzelnen Projekt geht; das einmal Angekündigte muss später durchgezogen werden. Falls ein Lehrer ein Projekt angeht, indem er behauptet, die Ideen der Schüler würden umgesetzt, muss er sich auch daran halten, ansonsten ist der Vertrauensbruch komplett. Falls dies nicht von vornherein klar ist, falls also nicht sichergestellt werden kann, dass die Schülervorschläge auch umgesetzt werden können, muss dies auch im Vorfeld klargestellt werden. Dann ist es besser, den Schülern anzukündigen, die Ideen würden gesammelt werden, um dann in der Diskussion mit dem Lehrer das Projekt zusammen, möglicherweise als Kompromiss, festzulegen. Das wird von den Schülern akzeptiert, nicht aber das Versprechen und die Hoffnung, selbst Entscheidungen zu treffen, was sich später als Makulatur herausstellt, wenn die Entscheidungen nicht konform zur Lehrer- oder Schulvorstellung sind. Jedem sollte aber auch bewusst sein, dass Begeisterung als Motor für die Motivation der Schüler vor allem dann entsteht, wenn die Schüler, natürlich im realistischen und umsetzbaren Rahmen, an einzelnen Entscheidungsfindungen im Unterricht und in Projekten beteiligt sind.

Realistisch bleiben – den Elfenbeinturm vermeiden

Zum Schluss noch ein kleiner Beitrag zum Thema »Schule und Elfenbeinturm«. Ein Vorwurf gegenüber der Schule ist ja, dass sie nicht genügend auf das konkrete Arbeitsleben vorbereite. Diese Behauptung muss allerdings kritisch hinterfragt werden, denn falls ein Betrieb will, dass die Schule eine »eins zu eins« Vorbereitung auf bestimmte Firmenabteilungen liefert, so wird die Schule als Zulieferer von Arbeitskräften für eine einzelne Firma oder Branche abgestuft. Dadurch würde sich tatsächlich ein Elfenbeinturm konstruieren, die Schüler hätten nur noch den Blick auf eine schmale Ausbildungsrichtung. Würden einzelne Branchen keine Arbeitskräfte mehr einstellen, würde eine solche »Zulieferer-Schule« für ein gesellschaftliches Fiasko sorgen und dazu beitragen, den Arbeitslosenmarkt mit unflexiblen und daher schwer zu vermittelnden Arbeitskräften zu überfüllen. Daher sollte die Schule möglichst nach vielen Richtungen hin offen sein, sowohl für eine breite Allgemeinbildung, als auch für viele unterschiedliche grundsätzliche Fachausbildungen, die den Schülern eine Basis liefern, die sie in einer weiteren Phase im Berufsleben vertiefen.

Gleichzeitig darf die Schule sich aber nicht von ihrer Umwelt abschotten. Sie soll weder die gesellschaftliche Evolution ausklammern, noch völlig unbeeindruckt von langfristigen Entwicklungen des Arbeitsmarktes sein. Wir haben bereits von der Notwendigkeit einer breitgefächerten Allgemeinbildung gesprochen. Dabei ist es aber zentral, klarzustellen, was darunter verstanden wird. Gemeint sind sicher nicht die Ideale des Bildungsbürgertums des 19. Jahrhunderts! Eine breite Allgemeinbildung heißt, dass die Schüler über Vieles informiert sind und sich damit gegebenenfalls auch in Eigeninitiative weiterbilden können. Durch schulisch vermittelte Allgemeinbildung müssen die Schüler zumindest die Grundvoraussetzung haben, mündige Bürger zu werden. Zu achten ist unbedingt auf den möglichen Missbrauch des Begriffes Allgemeinbildung. Das Rezitieren einiger Gedichte Eichendorffs und die detaillierte Interpretation eines Werkes von Balzac sind sicher nicht als gesellschaftlich notwendige Allgemeinbildung zu verstehen, das Wissen um zentrale Ideen des Humanismus und der grobe Bezug zur heutigen Weltpolitik schon eher. Das lückenlose und detaillierte Aufzählen sämtlicher römischer Herrscher ist sicher für die meisten Jugendlichen weniger wertvoll als der kritische Umgang mit dem Internet. Andererseits bringt die kritische Auseinandersetzung mit dem Dritten Reich mehr als der Unterricht eines Lehrers, der »cool« wirken will, indem er sich stundenlang über die neuesten Computerspiele mit den Schülern unterhält.

Das Allgemeinwissen muss die Basis für das Agieren in der Gesellschaft bieten, sowohl für das weltanschauliche, wie auch für das praktisch-technische Handeln. Es muss zum Motor der Neugierde und somit der Motivation werden! Der Lehrer darf deshalb bei seiner Definition der Allgemeinbildung nicht exklusiv auf seine persönlichen

Vorlieben oder auf seine eigene spezifische Sozialisation aufbauen – das wäre der Beginn des Elfenbeinturms und damit die Grundlage einer Schule außerhalb der realen Ansprüche und Bedürfnisse.

Nachwort und Schlussfolgerung

Was sich der Leser nach der Lektüre dieses Essays denkt, ist natürlich für den Autor nicht zu ermitteln. Schule ist ein extrem komplexes Gebilde, vergleichbar mit einem Organismus. Die Schule als Ganzes ist die Summe ihrer Bestandteile. Da diese Bestandteile, das heißt Schüler, Eltern und Lehrer, sehr unterschiedliche Individuen sind und alle für sich Unikate darstellen, wird klar, wie schwierig es ist, im Schulwesen mit Pauschallösungen und allgemeingültigen Rezepten aufzuwarten. Überlegungen, die in einem Fall absolut zutreffen können, erweisen sich möglicherweise andernorts, in einer nur leicht veränderten Konstellation, als nahezu unbrauchbar. Das sollten auch die Leser dieser Zeilen wissen, gleichgültig, ob sie mit dem Gelesenen einverstanden sind und interessante Ansätze gefunden haben, aber auch, wenn sie sich überhaupt nicht mit vorliegenden Überlegungen identifizieren konnten.

Eins aber scheint mir wichtig, und das war auch die Absicht dieses Essays: Auf empirischer Ebene können Erfahrungen gemacht werden, die gewisse Tendenzen aufzeigen. Bevor die besten pädagogischen Reformen greifen, müssen Lehrer, Schüler und Eltern dazu bereit sein. Bevor neue pädagogische Methoden eingesetzt werden, muss eine Grundlage bei jedem Lehrer geschaffen werden, die es ihm ermöglicht, überhaupt erfolgreich in der Schule zu agieren und damit auch Methoden umsetzen zu können. Grundlegende Voraussetzung für diese Basis, als Instrument der erfolgreichen Aktion in der Schule, sind folgende Aspekte:

Die eigene Individualität, die eigene Persönlichkeit, sollte seitens der Lehrer in den Unterricht mit eingebracht werden, allerdings muss eine Überidentifikation vermieden werden. Das heißt, dass der Lehrer weder Unterricht noch Fach dermaßen internalisieren darf, dass er nicht mehr fähig ist, seinen Beruf von seiner Person zu dissoziieren. Ist dies nicht mehr machbar, werden Unterrichtsprobleme notgedrungen zu Persönlichkeitsproblemen, nüchterne Analysen und Lösungen sind dann nicht mehr möglich.

Empathie ist ein guter Ansatz zur Problemlösung und Problemvermeidung. Empathie erlaubt es Situationen eher zu erkennen und Lösungen zu suchen, bevor Probleme eintreten. Lehrer, die empathisch arbeiten, haben die Möglichkeit, sich stärker in Schüler, Eltern und Kollegen hinein zu versetzen, um sie zu verstehen und um demnach effizienter reagieren und agieren zu können.

Schule ist ein organisches Gebilde, nicht nur von der Struktur her, sondern nahezu im wahrsten Sinne des Wortes. Schule besteht in erster Linie aus Menschen, dann erst aus Lehrern, Schülern und Eltern. Ohne menschlichen Unterbau kann Schule nicht funktionieren, sie kann ohne Menschlichkeit zwischen den einzelnen Protagonisten nicht leben.

Bei der schulischen Arbeit ist die größte Gefahr für den Lehrer ohne Zweifel der sogenannte Elfenbeinturm, das Fehlen einer vernünftigen kritischen Distanz. Daher ist die Außensicht auf die eigene Tätigkeit ein wichtiges Instrument, um das eigene Agieren, quasi intuitiv, auf die situative Tauglichkeit zu überprüfen, ohne an der notwendigen Selbstsicherheit zu verlieren.

Von den Schülern sollte die Schule das Beste fordern und sie dementsprechend fördern, allerdings darf das Beste niemals das Unerreichbare sein. Ziele können hochgesteckt sein, müssen aber einer realistischen Machbarkeit entsprechen, sonst frustrieren und demotivieren solch unerreichbaren Ziele. Gleiches gilt für den Lehrer: Wer sich die Messlatte unrealistisch und daher unerreichbar hoch legt, wird zwangsläufig enttäuscht und frustriert. Die Lehrer sollten ihr Bestes tun, allerdings im Wissen, dass es überall Grenzen gibt. Auch das Scheitern an einem schulischen Problem, an einer Klasse oder Situation ist erlaubt, zum Teil sogar nötig um sich weiterzuentwickeln. Bestimmte Situationen sind möglicherweise unlösbar – niemand, nicht mal ein »Star-Pädagoge«, könnte helfen. Auch dessen sollte sich der Lehrer bewusst sein, ehe er sich in Frust und negative Eigenwahrnehmung steigert und seine Schüler mit hineinzieht.

Trotzdem ist es die eigene Einstellung des Lehrers gegenüber der Schule, die entscheidend zur Freude am Beruf und zum Erfolg bei der Schülerarbeit beiträgt. Viele Einflüsse von außen entziehen sich dem Lehrer, auch das ist klar, aber dort, wo der Lehrer einen Einfluss hat, muss er ihn nutzen. Diese positive Grundeinstellung wird natürlich regelmäßig ins Wanken geraten, aber letztendlich ist sie die einzige Alternative. Kein Buch, kein Seminar kann eine menschliche Grundeinstellung konstruieren; auch vorliegende Seiten sind ausschließlich als Denk- und Diskussionsansätze gedacht, die aber der pädagogischen Diskussion eindeutig eine positive und somit motivierende Tendenz geben wollen.